幸福の哲学

アドラー×古代ギリシアの智恵

岸見一郎

講談社現代新書

2406

目次

はじめに

いつのことだったか覚えていないのだが、ある年の十二月、後《あと》数日で正月を迎えようとしていたその日、父と家の前で焚き火をしたことがあった。

「今年は暖かいなあ」

「本当に」

こんな言葉を少し交わしたことしか今では思い出せないのだが、父がこんなに暖かくては、もうすぐ正月がくるとは思えないといったことに私も強く同意したことだけは覚えている。今になって振り返ると、父と過ごしたこんな何気ないひとときが貴く思える。

「何のために生きるのか」というような話になった時、成功するためなどと勇ましい話をする人がいる。だが、私にはそんな大それたことはどうでもよく、幼い頃、父と一緒にいて幸福を感じたような瞬間さえあればよいと思う。

しかし、父とこんなふうに初めから関係がよかったわけではなかった。小学生の頃、父から殴られたことがあった。そのことを私はずっと引きずっていて、いつまでも父に心を開くことができなかった。

他方、母との関係はよかった。私が哲学を学ぶと言い出した時には父が猛反対した。おそらくは父は哲学が何であるかは知らなかったが、哲学では食べていけないことは誰かから聞かされていたのだろう。また、父の年代であれば、「人生不可解なり」という意味の言葉を残して自ら命を絶った旧制一高の学生、藤村操《ふじむらみさお》のことなども頭にあったのではないだろうかと思う。

その時、間に入って私を守ってくれたのが母だった。母もまた哲学がどんなものか知っていたとは思われないが、私がすることはすべて正しいのだから見守ろうと父を説得してくれたことを後に知った。

その母が四十九歳で脳梗塞《のうこうそく》で亡くなった。当時私はまだ学生だったが、やがては結婚して、親と一緒の幸福な人生を送れるものと思っていたので、それまで漠然とではあったが思い描いていた人生設計が崩れ去った気がした。それと同時に、母のように死を前にしてベッドで動けなくなれば、たとえお金があったとしても、高い社会的地位についていたとしても、まったく意味がないことに思い至らないわけにはいかなかった。

くる日もくる日も母の病床で、ベッドの上で身動きが取れず意識もない母を見て、私はこのような状態にあってもなお生きる意味はあるのか、幸福とは何かを考え続けた。

母が突然の病に倒れた時、私は哲学を専攻する大学院生だった。当時、毎週哲学の先生の自宅で行われていた読書会に参加していたのだが、母の看病のために出られなくなった。先生にしばらく読書会に行けないことを伝えるために電話をしたら、先生は私に「こんな時に役に立つのが哲学だ」とおっしゃった。

およそ哲学は役に立たないと世間ではいわれることが多い中、「役に立つ」という言葉は思いがけないもので、私に強い印象を残した。

この先生の言葉を聞いて私が思い出したのは、次のベルクソンの言葉だった。

「私たちは、いったいどこから来たのか。この世で何をするのか。私たちは、いったいどこへ行くのか。哲学がもし、本当にこれらの非常に重大な問題に対して何も答えられないとすれば、〔中略〕哲学というものは一時間の労苦にも値しないものだと言っても、まあさしつかえないことになります」(『心と身体』)

私は母の病床でプラトンのいう魂の不死についての、そしてベルクソンの脳について論じた失語症についての著作を読みふけった。たしかに私の先生がいうように、哲学は「役に立った」。私は小学生の時に、祖父、祖母、弟が一年内外で次々と病気で死ぬという経験をして以来、その答えを哲学に求めてきたが、そのことが間違ってはいなかったことを実感したのだ。

三ヵ月の間、母の病床で過ごし、母の遺体と共に家に戻った時、私は目の前に敷かれていると思っていた人生のレールから、自分が大きな音を立ててすでに脱線していたことを知った。

母の死後、父との関係は緊迫したものになった。間に入る緩衝《かんしょう》役だった母がいなくなり、直接父とぶつかることになったからだ。しかし、父との関係も、私の人生における もう一つの邂逅《かいこう》によって変わることになった。

母の死後、私はすぐに結婚し、五年後、子どもが生まれた。思うようにいかない子育ての最中に知ったのが、オーストリアの精神科医であるアルフレッド・アドラーが創始した個人心理学だった。

アドラーは、心の分析に終始したり現実を事後的に解釈したりするだけの心理学者ではなく、人生の意味、幸福について真正面から論じている。その思想は、二十世紀初頭に突如としてウィーンに現れたのではなく、私が専門としているギリシア哲学と同一線上にある、れっきとした哲学である。

やがて見るように、アドラーは原因論ではなく目的論に依っている。プラトンも生きることの目的として幸福を据え、幸福の可能性を、魂のあり方に結びつけて目的論的に論じている。そしてプラトンは、知が魂を導くことによって幸福になることができるので、何が善なのかを知ることが、幸福になるためには必須であると考えた。しかし、では、実際に何を知ることが幸福を結果するのかということになるとプラトンの論には具体性が欠けている、そう私には思われた。それで、アドラーがこの知の内実を対人関係に求め、目的論を教育や臨床の場面で実践的に応用している点に興味を覚えたのだった。アドラーと邂逅することで、それまで私が人生について持っていた問題意識を全うできそうだという強い予感を持てたのだ。

私が初めてアドラー哲学についての講義を聞いた時、講師のオスカー・クリステンセンはこんなことをいった。

「今日、私の話を聞いた人は、今この瞬間から幸福になれる。しかし、そうでない人は、いつまでも幸福になれない」

私は驚き、同時に強く反発しないわけにいかなかった。母が若くして亡くなり、父との葛藤《かっとう》もあり、その上、子どもとの関わりが大きな負担になっていたからだ。だがその一方では、そのような状況で、もし私が幸福になれたなら、クリステンセンが語った言葉は決して誇張ではないことがわかるだろう、とも思った。

哲学者の肖像画や写真を見ると、率直にいってあまり幸福そうには見えない。誰もが気難しい表情をしていて、笑顔の哲学者をすぐには思い出すことはできない。それなら、私自身がまず幸福になろうと決心した。

しかし、そんな決心をしてみたところで、ただ手を拱《こまね》いてじっとすわっていても、やはり何も起こらない。どうすれば幸福になれるのかを考えた時、父との関係をまず何とかしたいと思った。アドラーの思想に触れた私は、対人関係が幸福の重要な鍵であることを学んだのだ。

対人関係の中に入ると摩擦《まさつ》を避けることはできない。嫌われたり、憎まれたり、傷つけられたりする。だから、そんな目に遭《あ》うくらいなら、いっそ最初から誰とも関わろうとは思わないという人がいても不思議ではない。

しかし、他方、人間は、対人関係の中でしか生きる喜びも幸福も感じることはできない。ましてや他人ならいざ知らず、父との関係がよくないからといって実の父を避けることはできない。それなら、父との関係を避けるのではなく、むしろ、あえてその中に入っていこうと思った。

もとより一朝一夕《いっちょういっせき》で父との関係が改善したわけではない。だが、前のように同じ空間に居合わせるだけでも空気が緊迫するような関係ではなくなった。そして、ある年末、最初に書いたような父との穏やかな日を迎えたのである。

しかし、その後も私が心筋梗塞《しんきんこうそく》で倒れたり、さらには父がアルツハイマー型の認知症であることがわかり、私が介護をすることになるなど苦難は続いた。

だがこの頃には、すでに私は、人は何かの出来事を経験するから不幸になるのでも幸福になるのでもないことを学んでいた。プラトン、アドラーは目的論を採ることで、何かを経験することが不幸の、そして幸福の原因になるのではないと考える。人は幸福に〈なる〉のではなく、もともと幸福で〈ある〉のだ。

母は病気になって、しかも回復しなかったから不幸なのではなかった。私の場合も、寛《かん》解《かい》したけれども、寛解したから幸福なのでもない。父も長く認知症を患《わずら》ったが、そのことで不幸になったのではない。たとえ闘病が、本人にとっても家族にとっても苦難であることは間違いないとしても。

そもそも、病気に限らず、生きること自体が苦しみなのである。だから、今は苦しいがやがて楽になる時がくるとは考えなければよいのである。苦しいけれど、その苦しみをただ苦しいとだけは見ないで、苦しみこそ幸福の糧であると思える生き方はできるのだから。

どんなに苦難に満ちた日々でも、ともすれば見逃してしまうかもしれない瞬間にこそ、本当の幸福は潜んでいる。ささやかな幸福以外に幸福はない。たとえその人が、どんな状況にあっても。

母が病床で私に教えてくれたのはまさにこのことである。病気で倒れる前、私は母にドイツ語を教えたことがあった。ある時、母が、その時に使っていたテキストを病院に持ってきてほしいといった。母に再びドイツ語を教えていた時、母の病気にもかかわらず、私は幸福だった。そして、おそらくは母も。

私が心筋梗塞で倒れた時にも、母が病床で過ごした日々のことを思い出さないわけにはいかなかった。母はやがて意識を失ったが、私は、母が生きているだけでありがたいと思った。母と同じく病床で動けなくなった私が、自分自身についても、生きていることが他者にとっての喜びであると思えるようになるまでにはたしかに時間がかかったが、それでも、たとえ何もできないとしても、自分は他者に貢献できるのだということを知った。

入院中、最初の頃は、夜眠ると再び目を覚ますことはないのではないかと思って怖かった。だが、何もできなくてもそのままの自分を受け入れることができるようになると、安心して眠れるようになった。そして、一度は死にかけたことも、またいつかは死ぬことも忘れて、今日という日を今日という日のために生きることができるようになった。

このように思えればこそ、日々の何気ない瞬間に幸福を感じられ、何かの実現を待たなくても、今ここで幸福であることに気づくことができる。そしてこのような幸福は、何が起こっても失われることはない。

生きることの目的は、父と焚き火をしていた時の、また母とドイツ語を学んでいた時のような、ささやかな幸福を感じた瞬間と矛盾するものであってはならない。

だが、このような幸福とは違う幸福があると思う人がいる。日常のささやかな幸福など一顧《いっこ》だにせず、成功することこそが幸福だと思う。私は成功について考える時、よく次の逸話を思い出す。

マケドニアのアレクサンドロス大王が、ソクラテスの流れを汲むギリシアの哲学者であるディオゲネスの元に赴《おもむ》いた時のこと。ディオゲネスは生活上の必要を最小限にまで切り詰め、自足した生活を送っていた。アレクサンドロスは、マケドニア王に即位した後、ペルシア征伐の全権将軍に選ばれたが、多くの政治家や哲学者が彼のところに祝いにやってきたのに、ディオゲネスだけは、アレクサンドロスをまったく問題にせず閑暇《かんか》を悠々と過ごしていたので、自らコリントス（ギリシアの都市）にいたディオゲネスの元へ足を運んだのだった。

ちょうどディオゲネスは日向ぼっこをしていた。そこに多くの人がやってきたので、彼はちょっと身を起こしてアレクサンドロスをじっと見た。アレクサンドロスは彼に挨拶をして「何かほしいものはないか」とたずねた。するとディオゲネスは、「その日の当たるところから少しばかりどいてくれないか」といった。

日光浴をしていたら、物々しく武装した兵士たちが突然踏み込んできて、のみならず七十歳にもなろうとするディオゲネスに、二十歳そこその若いアレクサンドロスが、「何かほしいものはないか」というというのは、ずいぶん無礼な話である。とはいえアレクサンドロスは、ディオゲネスの誇りと偉大さに感服し、「もしも私がアレクサンドロスでなかったら、ディオゲネスでありたかったのだが」、そう語ったと伝えられている。

片や大帝国の王、片や何も持たない哲学者。アレクサンドロスは何も持たず権威をものともしないディオゲネスの人となりに心底驚嘆し、自分もディオゲネスのようになりたいと望んだのではないだろうか。もしかしたらディオゲネスも、今ここでディオゲネスになれるとアレクサンドロスにいいたかったのかもしれない。しかし、アレクサンドロスはアジアへの遠征に出かけなければならなかった。結局、二度とギリシアの地を踏むことなく、アレクサンドロスは三十四歳の若さで急逝《きゅうせい》した。

アレクサンドロスは、今ここで幸福であることができたはずだった。おそらくディオゲネスの前に立った時、アレクサンドロスにもそのことはわかったのだろう。それなのに、それとはまったく別の幸福があると彼は信じた。アレクサンドロスにとって、それは敵と戦い、敵を征服するという成功だった。成功などしなくても、すでに幸福なのに、である。

本書では、私はもっぱらプラトン哲学とアドラーの思想を踏まえ、私自身の見解を加えて幸福について論じてゆきたいと思う。プラトンは目的論に立ち、自由意志を認め、人間の責任の所在を明確にしている。アドラーも基本的に同じ考えだが、プラトンが十分に論じていない対人関係を問題にしている。幸福が対人関係を離れては考えられないとすれば、アドラーの思想は幸福の問題をより実践的に考える時に有用である。

私はたった一度でも、相談にきた人の人生が変わらないようなカウンセリングをしてはいけないと考えている。本書を読めば、幸福はどこか遠くに探しに行かなくても、初めからここにあったことがわかるだろう。

第一章　幸福とは何か

本章では、幸福は、しばしばそれと同一視されることがある成功や幸運、さらには幸福感とは違うことを明らかにすることから、幸福が何かを探って行こう。

幸福の定義

どうすれば幸福になれるのかを考えようとすれば、まず、「幸福とは何か」という問いを立てなければならないだろう。幸福が何かを知らなければ、どうすれば幸福になれるかもわからないからだ。だが問題なのは、幸福についてはまず定義することができないということだ。プラトンであれば、まず幸福を定義することから始めるのだろうが、対話が終わる頃になっても一向に定義に成功しない。あげく、われわれは何も知らないというところで対話は終わってしまう。もっとも、その結論に至る過程がすべて無意味だったかといえばそうではない。その過程で、問いへの答えの方向性が明らかにされたからである。

たとえ幸福を定義することができ、その定義の意味を理解することができたとしても、そのことでただちに幸福になれるわけではない。地図で目指す場所を把握することができたとしても、実際には足はまだ一歩も前に進んではいないのだ。これが幸福なのかと定義を理解することだけで幸福になれるのであれば、誰もが幸福になれるだろう。

しかし実際には、地図を見て目的の場所がどこにあり、どの方向に足を踏み出せば到達できるかを理解することができたとしても、目を上げた途端、そこには思いもよらない光景が広がっているということもありうるのだ。

それでは、人は幸福についてまったく何も知らないのかといえば、そうではない。知らないものを知ろうとするはずはないからだ。むしろ、すでに幸福を経験したことがあるか、幸福を経験していても、それが幸福の経験であることに気づかなかったかのどちらかである。

幸福は空気のようなものだ。空気がある時には誰もその存在には気づかない。なくなった時に初めて、空気があればこそ生きることができていたことに気づく。幸福も、失われた時、初めてその幸福を経験する。だから、幸福が失われるのはどんな時なのか、その時どう感じるかを見ることが、幸福が何であるかを知ろうとするためのきっかけになる。

一般的な人生の意味はない

アドラーは、「あらゆる悩みは対人関係の悩みだ」といっている。人と関われば、何かしらの摩擦が起きないことはなく、対人関係で躓《つまず》かない人はいない。その意味で対人関係は悩みと不幸の源泉である。対人関係で悩む人は、苦しみでしかない人生は生きるに値するのか、この人生には意味はあるのか、とまで思う。だが反対に、人との関係において幸福を感じることができれば、この人生は生きるに値すると思えるだろう。幸福、不幸について考える時には、この人生をどう見るかをまず考えなければならない。

ある時、「人生の意味は何か」とたずねられたアドラーは次のように答えた。

「人生の意味はない」(*Adler Speaks*)

アドラーの講演録には、たしかにこう書いてある。しかし、このアドラーの言葉には続きがある。

「人生の意味は、あなたが自分自身に与えるものだ」

これを読めば、アドラーが本当に「人生の意味はない」といっているのではないことがわかる。そうではなく、誰にでも当てはまるような、あるいは、世間でいわれているような常識的な、一般的な意味での人生の意味はない、そういっているのである。

人生の意味は何かという問いは、まさしく哲学が扱うテーマである。

しばしば、おそらくはよく考えもせずに、哲学は抽象的だといわれることがある。実際には、哲学は具体的に考える。木の枝に五羽の雀《すずめ》が止まっているとして、そのうちの一羽を鉄砲で撃ち落としたら後に雀は何羽残るかという問いに対して、算数や数学であれば四羽が正解となるが、実際には、鉄砲の音に驚いて雀は一羽も残らない。算数では数だけを問題にし、音に驚くというような事情は考慮に入れない。抽象というのは、ものの一面を取り出して他の面を切り捨てることである。算数はその意味で抽象的である。このような抽象性は、数学だけにとどまらず、経済学や政治学にも認められる。それゆえ、それらの学問が実際には実務においてはまったく役に立たないことはよくある。

小学生だった時、死について考え始めたのが私が哲学に関心を持ったきっかけだった。だが、私が知りたかったのは、一般的な死ではなく、他ならぬ「この私」が死ぬとはどういうことかということだった。

「私」を問題にしない一般的な、あるいは普遍的な考察は科学になる。そのような考察によって導き出された結論は、たしかに普遍的なものではあるけれど、この自分には当てはまらない、そんな思いを拭《ぬぐ》えない。アドラーを知る前の私が心理学に関心を持てなかったのは、心理学は「この私」の死について答えることができない、そう考えていたからだった。

人生に意味があるのかというような問いは、現実の諸条件を抽象しないで、具体的に考えなければならない。

アドラーがよく引くギリシアの伝説上の盗賊であるプロクルステスは、捕まえてきた旅人を自分の寝台に寝かせ、旅人の身長が寝台よりも短ければ足と頭を引っ張って伸ばし、長ければはみ出た足を切り落とした。このように、現実から理論に合う面だけを抽象し、現実を理論に合わせようとすれば、現実を正しく見ることはできなくなる。しかし、その一方では、普遍的な答えではなく（もしもその問いに答えが出るとすればということだが）ただの経験則に過ぎないのであれば、自分には適用できても、他の人には当てはまらない。

人生の意味は何か、幸福とは何かという問いを立てる時には、現実を抽象し一般化するのではなく、といって単なる経験則でもない、普遍的な答えを求めたい。

もとより、答えはすぐに見つかるわけではない。自動販売機にコインを入れれば出てくるジュース缶のような一般的な答えは陳腐な答えでしかないのだから。

生きがい

生きることには意味があるのか。人生は生きるに値するのか。このような問いは自分が幸福の絶頂にあると思っている人は、おそらく発しないだろう。人生の意味を考えるのは、自分が不幸だなどとは思っていなかったのに、あるいは、自分が幸福であるかどうかなどと考えることもなかったのに、突如として幸福が失われるような経験をした時である。

病気になると、それまでは幸福について少しも意識していなかった人でも、病気になる前は幸福だったことに気づく。その幸福が失われてしまうと、苦痛でしかなかった仕事など、元気な時には不満に思っていたことすらも幸福だったと思えてくる。

家族の誰かが病気で倒れた時も生活は一変する。母が脳梗塞で倒れた時、父と私、そして妹がもっぱら看病しなければならなかった。交代で看病をしていたので、家に帰っても一人だった。一家離散という言葉がふいに浮かんだことがあった。ついこの間まで、父と母、そして母が病気で倒れた時はすでに結婚して家を出ていた妹、あの一家はもはや存在しないのだと思った。

私が心筋梗塞で倒れた時には、ベッドの上で身動きが取れなくなった。仕事を失い、家族に迷惑をかけるだけの自分では生きるに値しない、生きる意味はないのではないかと思った。そして、何もできない人生は生きるに値しないと思った。

それでは病気から回復すれば、再び生きる意味を見出せるのか。幸福は取り戻せるのか。病気になって初めて健康のありがたさがわかるといわれることがある。しかし、これは健康を取り戻せることを前提としている。であれば、回復しない病気になれば絶望するしかないことになるだろう。

北条民雄《ほうじょうたみお》は、ハンセン病になって以来、「生への愛情」だけを見て「生命そのものの絶対的なありがたさ」を知ったといっている（『いのちの初夜』）。幸福についても、何かの出来事で人が不幸になるのではなく、何があっても揺らぐことのない絶対的な幸福というものがあるのではないだろうか。とすれば、考えなければならないことは多い。

よく生きる

そもそも、人生が生きるに値するものだと思えなければ、幸福であるとは思えない。アドラーは、「ただ生きるために汲々《きゅうきゅう》とし、生きることが困難である人があまりに多い」といっている（『人間知の心理学』）。

このアドラーが使う「ただ生きる」という言葉は、プラトンも使っている。

「大切なことはただ生きることではなく、よく生きることだ」（『クリトン』）

たしかに長く生きられるというのはありがたいことだ。しかし、長く生きることにばかりに注意を向け、ただ生きることに汲々とするのではなく、よく生きることこそが大切なのだ。

これからどれくらい生きられるかは誰にもわからない。だが、人生を「ただ生きる」ことだけで満足しない人は、さらに「よく生きる」ことを意識する。

アドラーは、こんなこともいっている。

「人生は限りのあるものだが、生きるに値するものであるには十分長い」（『子どもの教育』）

ここでアドラーが使っている「生きるに値する」は、「生きがいがある」ともいえるだろう。

先に、幸福はそれが失われた時に初めてわかると書いたが、人生が生きるに値する、生きがいがあると思ったことが一度もない人は少ないだろう。そのように思ったことはなかったという人がいるとすれば、今はわけがあって（その「わけ」が何かは後で考えたい）思い出さないか、あるいは、幸福を求める方向を間違っていて、実は幸福を経験していたのに、そのことに気づかなかっただけということもありうる。

誰もが幸福であることを願っている

幸福になりたいという願いはギリシア以来、万人共通のものだと考えられてきた。「人は誰も悪を欲しない」というソクラテスのパラドクス（逆説）として知られる命題がある（プラトン『メノン』）。このことは逆にいえば、誰もが善を欲しているということだ。しかし、普通には悪を欲する人もいると考えられるので、パラドクスといわれる。

例えば、正義についていえば、正義を行っている人はそれを心ならずも行っているのであり、本心からの正義の人ではないのではないか。もしも人に知られることなく不正を行う機会が与えられれば、誰もが不正を犯すかもしれないのではないか、そう考える。

リュディアの人、羊飼いのギュゲスのことをプラトンが書いている（『国家』）。大雨が降り、地震が起こり、大地の一部が裂けてぽっかりと穴が開いた。ギュゲスはこの穴に入って行き、中に屍体《したい》らしきものを見つけた。それは何も身につけていなかったが、指には黄金の指輪をはめていた。ギュゲスはこの指輪を抜き取って穴の外に出た。やがて、この指輪の玉受けを自分の方、掌《てのひら》の側に回すと自分の姿が消えることに気づいた。外側に回すと再び姿が見えた。ギュゲスはこのことを知ると仕えていたリュディア王の妃と通じ、その後、妃と共謀して王を殺した。そのようにして王権をわがものにした。

この話を語る『国家』の登場人物のひとりグラウコンは、この指輪をしていながらなお正義のうちにとどまって、あくまでも他の人のものに手をつけずにいるような、鋼鉄のように志操堅固《しそうけんご》な者など一人もいないだろうという。このようなケースを考えると、「人は誰も悪を欲しない」ということはないのではないか。

これに対してソクラテスであればこういうだろう。悪を欲する人がいる、しかも、悪を悪と知りながら悪を欲する人がいるというのは本当なのか。この悪を欲するのは、そのことが自分のためになると考えてのことだろうか。それとも、当人の害になることを知ってのことだろうか。

もしも悪を欲している人がいるとすれば、それはその悪しきものが自分のためにならないことを知らないからである。それを知らずに善きものだと思って悪を欲している人は、明らかに善を欲しているのである。

ソクラテスはメノンと次のような対話をする。悪を欲する人は自分が悪しきものから害を受けるであろうことを知っており、害を受ける人が害を受けている限りにおいて難儀するということをソクラテスはメノンに確認する（プラトン『メノン』）。

ソクラテス　難儀する者とは不幸なのではないか？
メノン　そう思います、私は。
ソクラテス　では、難儀な目に遭い、不幸になることを欲する者が誰かいるだろうか？
メノン　そんな人がいるとは思えません。
ソクラテス　そうすると、そうなることを欲するのでないなら、誰も悪しきものを欲する者はないことになる。なぜなら、難儀な目に遭うということは、悪を欲してそれを自分のものにすること以外の何であろう？
メノン　おそらく、あなたは本当のことをいっておられるのでしょう、ソクラテス。そして、悪しきものを欲する人は誰もいないのでしょう。

ここでいわれる「悪」にはその反対の「善」と同様、道徳的な意味はなく、それぞれ「ためにならない」「ためになる」という意味である。悪は害される、難儀するという意味で使われ、さらにこの難儀するという言葉は「不幸になる」と言い換えられている。とすれば先に見たギュゲスは、不正を行うことが自分のためになる、つまり、不正こそ善であると考えたことになる。

このように考えると、「人は誰も悪を欲しない」という命題はパラドクスといわれているが、「人は誰も自分のためにならないことを欲しない」「人は誰も不幸であることを欲しない」という意味でしかなく、むしろ当たり前になる。不幸になることは誰も望まず、やはり皆、幸福を求めている。幸福になりたい。しかし、何が善なのか、つまり自分のためになるのか、何が幸福なのかの判断は人によって違う。それで往々にして人はその判断を誤るのだ。

一番幸福な人間

ヘロドトスの『歴史』に、ギリシアの七賢人の一人であるアテナイの政治家ソロンと、莫大な富で知られていたリュディア王国の最後の王であるクロイソスとの対話がある。後にリュディアの首都サルディスはペルシア軍に占領され、王自身が囚われの身になるが、ソロンがクロイソスに会ったのはそれ以前のことである。

ソロンは内乱寸前のアテナイに法律を制定し、これを改変しないという約束をした上で、十年の予定で外遊の途についた。ソロンがクロイソスをサルディスに訪ねた時、クロイソスはソロンに向かってこうたずねた。

「アテナイの客人よ、あなたについてはわれわれはあなたの智慧《ちえ》と、知識を求めて多くの地を巡られた遍歴《へんれき》のゆえに多くのことを聞いている。そこで、あなたが会った人の中でもっとも幸福な人間は誰なのかたずねたい」

クロイソスはこのように問うた時、当然、自分こそが世界中で一番幸福な人間であると思っていた。だが、ソロンはアテナイのテロスという人の名前をあげた。

驚いた王は、どういう点でテロスが幸福であると考えるのかとたずねた。

テロスは繁栄した国に生まれ、生活も裕福で、優れた子どもや孫に恵まれた。その上、隣国とエレウシスで闘った時に、味方の救援に行き、敵を敗走させた後、見事な戦死を遂げた。アテナイはテロスを国費で戦没の地に埋葬し、その名誉を顕彰した。

どの国に生まれるかを選ぶことはできない。自分と自分が住む国家に一体感があり、全体として繁栄に向かっていると思うことができ、その国家が自分の行く手を妨げることなく、幸福に生きることに資するのであれば、テロスの名を一番幸福な人間としてソロンがあげたことも首肯《しゅこう》できるだろう。

生きることは苦しみ

クロイソスは少なくとも次は自分の名前があげられるだろうと思い、テロスに次いで誰がもっとも幸福な人だと思うかとソロンに問うた。すると、ソロンはクレオビスとビトンの兄弟の名をあげた。

彼らは、ある時、ヘラ女神の祭礼に母親を連れて行こうとした。その際、母親を牛車に乗せて社《やしろ》に行くはずだったが、畑仕事の都合で牛が間に合わず、二人が牛車を引いて社まで母親を連れて行った。

母親は親孝行の息子たちに、人間として得られる最善のものを授けてほしいと神に祈った。犠牲と饗宴の行事の後、社の中で眠った二人は再び目を覚ますことがなかった。

クロイソスはまたもやこの答えに失望した。親孝行をした子どもにとっての最上の運が早世《そうせい》であるとは、たしかにクロイソスならずとも考えられないだろう。

とはいえ、自分の人生を振り返った時、ソロンがクロイソスに語った、「人間は生きている間にいろいろと見たくもないものを見なければならず、遭いたくもないことにも遭わなければならない」という言葉に、たしかにそうだと頷《うなず》けるのも本当である。

プラトンは次のようにいっている。

「どの生きものにとっても、生まれてくるということは、初めからつらいことなのだ」

（『エピノミス』）

ギリシア人にとっては、生まれてこないことが何にもまさる幸福であり、次に幸福なのは、生まれてきたからには、できるだけ早く死ぬことだった。これはソポクレスの『コロノスのオイディプス』など多くのギリシアの文献に見ることができる考えである。

常識的には、息子を亡くした先の母親が、本当に子どもたちの死を神の恵みと思ったのかは疑わしい。息子たちは災害や不慮の事故に遭って死んだわけではないのである。

しかし、親孝行の息子たちに神が与えた「人間として得られる最善のもの」が死ぬことであったことの意味はわからないでもない。一度得た幸福を失うことを怖れていれば、いつまでも安心することはできない。とすれば、いわば幸福を凍結して永久保存すればいい。そのように考える時、早世は神の恵みであると考えられる。

彼らのように幸福なままに死ねば、幸福はその後に経験するかもしれない不幸によって帳消しになることはない。死ぬこと自体は怖いと思っても、今度何が起こるかわからないよりは、幸福の絶頂の今死ぬことに如《し》くはなし、そう考える人がいても不思議ではない。早世を神の恵みであると考える人は、いわば幸福を凍結し、永久保存したいのである。

幸福の最中にある人は、死ねばその後に経験するかもしれない苦しみに遭わず、幸福なまま死ぬことができる。その意味では、死ぬことは幸福を完成させるようにも見える。

しかし必ずしも、神の采配によって死がよいタイミングで訪れるとは限らない。ギリシア悲劇では、ストーリーが行き詰まると作家が「機械仕掛けの神」（デウス・エクス・マキナ）を持ち出して、主人公を死なせるなどして問題を解決してしまうことがある。だが、現実はそんなに甘くはない。人生に行き詰まっても、なお生き続けなければならないのだ。

生きている限り幸福ではないのか

学生の頃に勉強したラテン語の教科書に「誰も死ぬ前は幸せではない」という意味の一文があった。先生にこの文の意味がわかるかとたずねられた。要領を得ない私の答えを聞いた先生は悲しそうな表情を浮かべて首を振った。

「人間、長く生きていると最愛の人とも別れないといけないこともあるということだ」

先生がこう語るのを聞いても、なお私がその意味をわかったとは思わない。この言葉の典拠がヘロドトスの伝えるソロンの言葉であることを知ったのは後のことである。ソロンはクロイソスにいった。

「長い人生の間には、見たくないものをあまた見て、遭いたくないことにも遭わなければならない」

私のラテン語の先生は、最愛の人との別れを、遭いたくないが遭わなければならないこととしてあげたのだった。

ラテン語の教科書に載っていた言葉はソロンの言葉をラテン語に訳したものである。ソロンは次のようにいっている。

「人間は生きている限り、何人《なんぴと》も幸福ではない」

生きていれば最愛の人と別れることも、財産や地位を失ったり、晩節《ばんせつ》を全《まっと》うできないこともあることは私にも理解できた。しかし、私がこの言葉を知った時、母は元気で、若くして亡くなるなどとは思いもよらなかった。最愛の人との別れを経験して、ラテン語の先生が、そのことを、遭いたくないが遭わなければならないこととしてあげた意味に得心がいくにはなお何年もかかった。まだ大学生だった私はもとより富とも地位とも無縁の人生を送っていたので、持ってもいないものを失うことがどんなことなのかを実感できたとは思わない。

だが、のちに母が亡くなった時、たしかに母との別れはつらかったが、幸福をふいにするように見えるこの経験も、本当に不幸なのかどうかは必ずしも自明ではないかもしれないとも思った。また、その後、生涯無位無官の人生を送ることになった私は、およそ世間的な成功とは無縁だったが、そのことで不幸だと思ったことは一度もない。成功と無縁だったことは、私を不幸にも幸福にもしなかった。そうであれば、富や地位を失うことも不幸とは関係ないのではないかとも思った。

たしかに最期の日を迎えるまでは、何が起こるかは誰にもわからないだろう。とはいえ今、幸福であることを実感できていると、本当に、それが失われることを恐れて生きなければならないのだろうか。病で倒れる前に母が過ごしていた幸福な日々は、若くして病に倒れたからといって帳消しにされることはない。その時、幸福であれば、先にどうなるかというようなことは考える必要はないのではないか。このようなことを、私は母の病床で考えた。

「人間は生きている限り、何人も幸福ではない」というソロンの言葉は、今が幸福の絶頂であっても、その幸福が失われるかもしれないことを表している。だが、愛する人との別れのようなつらい目に遭うことがあるという人生の過酷な現実をたしかに避けることはできないとしても、そのことが必ず人を不幸にするといえるかどうかはわからないのではないだろうか。

神々に愛される人

「神々に愛される人は若くして死ぬ」という言葉もある。古代ギリシアの劇作家メナンドロスの劇の中に出てきた台詞《せりふ》だといわれる。この言葉もまたギリシア人が早く死ぬことをよきことと見ていることの証左《しょうさ》のように見える。ソロンが二番目に幸福な人としてあげたクレオビスとビトンの兄弟は、この、神々に愛された人の例と見ることができる。

この言葉は、ソロンとクロイソスとの対話の文脈に置けば、人は生きている限りつらい目に遭うことがあるので、できるだけ早く死ぬことが幸福であるという意味になる。だが、そこにはまた違う意味も読み取ることができる。

子どもの早世どころか、高齢の親の死であっても、その死を受け入れることは容易ではない。とすれば、「神々に愛される人は若くして死ぬ」という言葉は、早く死ぬことの方が後々苦労するよりもいいという考えから発せられた言葉ではないのではないだろうか。

哲学者の三木清《みききよし》は若くして亡くなった妻について、人々の心に自分の若い像を最後として刻みつけてこの世を去ったのは、彼女が神に特別に愛されているからであろうといっている(「幼き者の為に」)。しかし、これは妻の早世を無理やり合理化した言葉のようにしか思えない。人が老いていくのを見るのはつらいが、早世はもっとつらい。「神々に愛される人は若くして死ぬ」という言葉は、家族や親しくしていた人の早すぎる死を受け入れるための言葉である、そう見るのが自然だろう。

幸福を阻むもの

生まれてこなかったことが最善の幸福であり、次に幸福なのは、生まれてきた以上、できるだけ早く死ぬことだというギリシア人の生死についての考えは、現代人の常識とは程遠い。だが、死を神からの祝福であるとギリシア人が見ていることからは、死は不幸であると見ることが、決して自明ではないことを示している。

幸福の絶頂のままに人生を終えたい人にとって死は祝福だが、他方、自分のであれ、家族や親しい人のであれ、死はそれがいつ訪れるものであっても、受け入れることは容易ではない。かくて生も死もそれ自体としては幸福とも不幸ともいえないことになる。

誰もが幸福になりたいと思っていても、幸福になることは容易ではない。幸福になることを妨げるように見える出来事に、必ず遭遇するからだ。若くして死ぬことは免れても、愛する人との別れなど、つらく悲しい経験を重ね、身体は弱り、長く病の床につくこともあるのだから。

このようなことは、常識的には人が幸福であることを阻《はば》み、不幸にすると考えられている。だが、同じ経験をしたからといって、誰もがそのことで不幸になるわけではない。では一体、どんなことがどんなふうに人を不幸にすると見なされているのだろうか。

病気

たとえ死ななくても、いつまでも若くいることはできない。若い人であっても、いつ何時、病気になるかわからない。

病気になると突如として明日の自明性が失われる。オランダの精神病理学者であるヴァン・デン・ベルクは次のようにいっている。

「あらゆることは時間とともに動いてゆくが、患者は無時間の岸辺に打ち上げられるのだ」(『病床の心理学』)

病気になると、もはや明日は今日の延長ではなくなり、明日は必ずくるという前提で思い描いていた意味での未来は失われる。健康を失う前には明日という日がくることを少しも疑っていなかった人も、見舞いにやってくる人に口を揃《そろ》えて「きっとすぐによくなるよ」といわれても、とてもよくなる日がくるとは思えない。

また、病気になると、誰もが皆一様に「患者」になる。病気になる前にどんな仕事をしていたかは問題にならない。誰もが患者として一括《ひとくく》りにされる。社会的な地位は病床では問題にならず、ただの病者、患者になる。

手術台の上に横たわる時、自分が人ではなく、ものとして扱われるような気がする。自分が病者になり社会との関連から切り離されることが、なぜ不幸であると見なされるのかは後に見たい。

老い

老いは急な病ほどには幸福を脅かすことはないかもしれない。そもそも若い人には老いるということがどういうことなのかを想像することが難しい。自分よりも少し年下の学年の生徒と自分を比べ、自分はもはや若くないといってみても、本気でそう思っているはずはない。やがて年を重ねると器量が衰えると聞いても、それが今日、明日のこととは誰も思ってはいないだろう。

そのような若い人でも病気になることはある。その時、若い人でもいわば急激に老いを経験することになる。しかし、病気になる前は何の問題もなく動かせていた四肢が動かなくなるなど、身体能力の喪失として現れるこのような老いは、多くの場合、一時的なものに過ぎずたちまち回復するので、この病気によって感じられた老いの感覚も、またたちまち消える。しかし、普通の意味での老化は元には戻らない。

死

病気や老いは人の幸福な人生に影を落とすが、それでも、病気に対しては予防もある程度はでき、老化にしても、その進行は緩慢だ。しかし死は、いつくるかまったく予想がつかない。若いからといって、死を免れることはできないのだ。

老いや病気についてはそれをどう克服したか、どう防いでいるかを語る人は多い。語られる方法が決して万人向けのものではないとしても、病気にならない、あるいは、老化を回避する方法は多くの人が真似ようとする。

しかし、死については、もとよりそれがどういうものかを報告する人はおらず、当然、体験記もない。知らないことは恐ろしく、常日頃は忘れていても、家族や親戚に不幸があると、たちまち次は自分なのではないかと不安に駆られることになる。

人が誰もが例外なく死ななければならないという事実は、老いや病よりも幸福な人生にいっそうの影を落とす。老いや病気も、死に繋がると思えばこそ避けたいと思うのだ。

死そのものは、生きている限り体験することはできないが、他者の死を経験することで死を先取りすることはできないわけではない。生前まったく関わりがなかった人の死を聞いても心が揺れ動くことはないが、親しくしていた人であれば、大きな悲しみに襲われる。自分の中に存在していた人が死んだということで、親しい人の死は、自分の一部が死んだことでもあるからだ。

死の直後は、親しい人のことが心から離れない。しかし、死別した直後は毎日泣き暮らしていた人でも、時の経過とともに、死んだ人のことを時々にしか思い出さなくなり、やがて忘れてしまう。

死んだ人についてこのような経験をする時、生きていながら死者となった自分を眺めることになる。自分もまた誰からも思い出されることがなくなると思うと、人生の最後に待ち受けている死も人生に影を落とす。

外から降りかかること

事故や災害も人生に影を落とす。災害については、現実に想定を超える規模の地震、津波、原発事故などが起こったのであり、これからも間違いなく起こる。原発がなくならない限り、原発事故も必ず起こる。

われわれが生まれ育った社会や家庭など、われわれを取り巻く環境も人生に大きな影響を及ぼしうる。しかし、同じ環境に置かれたからといって誰もが同じように不幸になるわけではない。

東京、京都、函館、名古屋で次々と人を殺し死刑になった永山則夫《ながやまのりお》は、無知と貧困のゆえに罪を犯したといった。しかし、皆が貧しかった時代があった。本当に貧困が殺人の原因になるなら、誰もが凶悪犯罪を犯しただろう。

そんな時代に生きた人が、幸福であったか、それとも不幸だったかはわからない。本当はその時、大変な思いをしていたとしても、後になって過去を美化しているだけということもありうる。しかし、そのような時代の最中であっても、誰もが不幸だったということはやはりないだろう。

どんな国に生まれ育つかは、たしかに人が幸福に生きるかどうかに影響を与えるだろう。だが、その影響は、あくまで限定的である。ペルシア戦争の英雄であるテミストクレスについて、次のような話が伝えられている（プラトン『国家』）。

ある小国人がテミストクレスに向かって、あなたの今日の名声はあなた自身の力によるものではなく、たまたまあなたがアテナイのような国に生まれていたからだ、といって、彼の名声にけちをつけようとした。

その時、テミストクレスは、なるほど私が君の国に生まれていたのでは私は今日のような名を成すことはできなかったかもしれない、しかし、君がアテナイに生まれていたからといって、私のような名声が得られるとは限らないだろう、と答えた。

アテナイという国家に所属しているから立派であるとは限らない。ここでは個人の名声についていわれているが、幸福も不幸も社会や所属する共同体によって決まるわけではない。

悪政の下で生きる

幸福に生きたいと思っても、政治が理想的なものとはかけ離れ、人が幸福に生きることの妨げになることがある。先にソロンがアテナイのテロスを一番幸福な人間としてあげたことを見たが、国家との一体感がなければ、このソロンの答えには満足できないことだろう。裕福な生活を送り、優れた子どもや孫に恵まれることを幸福だと思う人はいても、今日、国家のために戦死を遂げることを幸福であると手放しで信じる人は少ないだろう。

政治家は開き直って、大切なのは国であって、国民ではないというようなことをいうかもしれない。全体の繁栄のためには個人の幸福が犠牲になっても仕方がないとさえいうかもしれない。そのようなことを公然という政治家はいないかもしれないが、事実そう思っている政治家はいる。

今や、悪政の下《もと》でもなお人は幸福に生きることができるかを考えていかなければならない時代となった。歴史的にもしばしば現実的な問題であったこの問いは、今日いよいよ切実なものになっている。

だが、その一方では、政治が自分を不幸にしていると思う人は、政治さえよくなれば幸福になれると思い、政治に過剰な期待をする。悪政であればあるほど、政治に期待する人が現れる。

しかし、悪政が生活を圧迫しているとしても、そのことがただちにわれわれの人生を不幸にするとは限らない。政治家によって不幸にさせられたくないとは誰しもが思うだろうが、政治家が個人の人生を不幸にするわけではないし、ましてや、政治家がわれわれを幸福にしてくれるわけではない。

対人関係の問題

対人関係で悩む人は多い。対人関係の困難は、災害などとは違って不可抗力ではないが、関係を切れないために関係がこじれ、病気になったり、ついには死を選ぶ人もいる。

働いている人にとっては、たとえどれほどの激務であっても、職場での対人関係がよければ仕事を頑張る気持ちになれる。もちろん、残業が多かったりすることは改善の必要があり、対人関係がよいだけでは職場の問題をすべて解決することなどできないことはいうまでもない。

しかし、上司や同僚との関係がうまくいかなければ、仕事そのものへの意欲をなくす。

上司から仕事について足りないところを指摘されるのならやむをえないし、力をつける努力をするしかないが、理不尽に叱られるようなことがあれば、一日の始まりからやる気が起きない。

友人との関係も、家族との関係も悩みの種になる。そうなると対人関係がよければ幸福に生きられるのだろうにと思いながら日々を生きることになる。アドラーは「あらゆる悩みは対人関係の悩みだ」という。病気や老い、死も、決して自分だけの問題ではない。病気になれば、家族もそのことで影響を受けないわけにはいかないし、死は何よりも愛する人との別れである。それらは対人関係のあり方を大きく変えることになる。

幸福になれると思う人、なれないと思う人

以上見てきたように幸福を阻むものが多々あったとしても、大学に入り、就職しさえすれば幸福になれると思っている人がいる。そのような「成功」を約束し、そのための方法を教える人もいる。彼らは、政治家になりたいという人に、弁論術などそのために必要な知識を教え、成功を約束した古代ギリシアのソフィストのように見える。

そのような知識を教える人は、幸福と成功を取り違えている。お金を得るというような成功も、たしかに幸福を構成する要件ではあるのかもしれない。だが、そういった人は、はたして成功することが幸福なのかという疑問はいささかも持たない。成功しさえすれば幸福になれると、固く信じて疑わない。

しかし、成功すれば幸福になれるのか、逆にいえば、成功しなければ幸福になれないのかといえば、どちらも決して自明のことではないだろう。社会的な地位があって、収入が多い人と結婚すれば幸福になれると思っている人も同じである。

幸福について深く考えようとしない人は、幸福について、また、人生の意味についてまったく考えたことがないか、若い頃に一度は考えたことがあったとしても、社会人になってからは、もはやそのようなことを考えようとも思わず、日々の生活に流されて、歳を重ねていくことになる。

プラトンは『国家』の中でソクラテスの口を借りて、政治家が哲学を学ぶか、もしくは、哲学者が政治を行うのでなければ、人類に不幸の止むことはないという哲人政治論を展開する。だが、この考えを口にすることをソクラテスは最初ためらう。

これは哲学についての当時の常識に関係がある。ギリシアでは当時、哲学者についてのイメージがよくなかった。哲学は若い時に教養の範囲で少し学ぶのはいいが、大人になってからも学ぶものではない、哲学者に政治を任せるなどとんでもないことだ、そう考えられていたのだ。今も、そう事情は変わらない。若い頃、一時的に哲学に夢中になった人でも、社会に出るとそんなことはなかったかのように、哲学書を読もうなどとは思わなくなる。もとより初めから哲学に関心がない人が大半であり、そのような人にとっては、哲学など生きていくためにはまったく役に立たないと考えられている。私の父が私が哲学を学ぶと言い出した時に反対したことは最初に見たが、父は、哲学は役に立たないどころか、息子を死に至らしめるかもしれないとまでも考えた。

初めから哲学に関心を持たない人、若い頃少し興味を持っていても社会に出るとたちまち見向きもしなくなる人は、生きていく時に考えなければならない多くの問題に気づいていないか、それを棚上げにしている。本書のテーマである幸福についても、幸福とは何か、どうすれば幸福になれるのかということについては、すぐに答えが出るものではないので、考えるのをやめるか、成功することが幸福であるという短絡的《たんらくてき》な結論に飛びつく。

先に、成功を約束し、その方法を説く人をソフィストに喩《たと》えたが、ソフィストとは知者という意味である。他方、哲学者は愛知者である。愛知者は知者ではない。知者とは自分が何ごとかを知っていると思っている者のことである。一方、愛知者は、自分が無知であることを知っているからこそ、止むことなく知を探求する。常識を疑わないということは、愛知としての哲学からは程遠い態度である。既存の価値を無批判に受け入れることなく、疑い、批判することが古来、哲学の営みだった。幸福についても粘り強く考えなければばならない。

ある人が、ディオゲネスにいった。

「私は哲学には向いていません」

ディオゲネスは答えた。

「ではあなたは何のために生きているのか」

哲学は、嗜《たしな》みとして学ぶようなものではない。生きるために、幸福に生きるためには、哲学を学ばないという選択肢はないのである。

もしも人生の意味を考えることがあるとすれば、何らかの意味での挫折を経験した時だろう。自分の勤めていた会社がなくなるとか、健康に自信があった人が検診を受けた時に癌《がん》であることがわかったというような時である。好意を寄せていた人に冷たくあしらわれたというような時に思い詰める人もいる。

しかし、幸か不幸か、このようなことをまったく経験しない人もいる。そのような人でも、やがて年老い、近づく死のことを考えて不安になることはあるだろう。だが、いつまでも自分は若いと思い、身体が弱ればその時はさっさと死ぬなどと勇ましいことをいう人もいる。実際にそうなった時に、元気だった時と同じことがいえるかははなはだ疑問であるが。

立身出世という言葉は今の時代は死語なのかもしれない。たとえそのようなことを願っていても、大企業であっても潰れる時代なのだから、たとえよい学校に入り、よい会社に入っても幸福な人生を送れるかどうかはわからない。

それでも時代の変化に気づかず、あるいは、気づかないふりをして、今もなお、少なくとも自分だけは幸福になれると思い、いよいよ競争に勝ち抜くことで幸福をつかみ取ろうとする人もいる。そのような人にとっては、よい学校、よい会社＝幸福という図式が崩れた今の時代状況は、幸福を阻む要因以外の何ものでもない。

幸福と成功

成功することが、幸福に生きることを保証してくれるわけではない。この場合の成功とは有名大学に進学し、一流企業に就職するというようなことだろうが、そのような人は子どもの頃から、まわりの大人に成功することが大切だと吹き込まれている。

家族や親戚に成功した人がいれば、そんな人になれといわれる。かくて、何かに「なる」ことが大切なことだと思ってしまう。今「ある」ところにいてはいけなくて、どこかに向かっていかなければならない。当然、後ろに退くことなどあってはならない。三木清は、成功は進歩に関係するといっている（『人生論ノート』）。かつての右肩上がりの経済成長率のグラフが連想されるところである。

三木は、成功は「過程」に関わるが、それに対して、幸福には、本来、進歩というものはなく、「幸福は存在に関わる」といっている。何も達成していなくても、何も所有していなくても、成功しなくても、人は幸福になることができるのだ。

より正確にいえば、成功しなくても幸福に「なる」のではない。幸福で「ある」のである。それが「幸福は存在に関わる」ということである。

成功／不成功と幸福／不幸を同一視している人は、成功しなければ幸福になれないと思っている。しかし、今日では、成功したからといって、そのことがかえって人を不幸にするケースが頻《しき》りに報道されている。それでも、成功を目指すことを完全に断念する人は少ない。高学歴で一流といわれる企業に就職しても、過労死しかねない労働を強いられるようなことがあることを聞かされていても、そして、たとえそのような生活が幸福には結びつかないことを知っていても、自分に限ってそんなことにはならないと思う。実際、多くの人は昇進し、経済的に報われる生活をしているのだから、自分もそのような生活を送れるに違いない、そう思いたいのだ。

ささやかな幸福

成功することが幸福であると考える人とは違って、生活の中でのささやかな満足にこそ幸福は見出せると考える人がいる。仕事から疲れて帰ってきた時、子どもの寝顔を見ること。家族が一堂に会して食事すること。そんなことは昇進することに比べたら取るに足らないことのように見えるが、日常の些細《ささい》な瞬間に幸福を感じられる人は、職場での昇進には執着しない。

子どもの頃、私は父の生き方が少しも理解できなかった。だが、今になって振り返ると、父が夕食時に必ず帰ってきていたのは、早くから昇進を諦《あきら》めていたからだろうと思う。父が無能だったのではなく、家庭での幸福にこそ満足を求めていたのである。

父のような生き方を選ぶ人は知っている、家庭での幸福こそが何にも代えがたいことであり、日常生活でささやかな幸福を感じられる瞬間を持てることは、人類の偉業と並ぶほどの奇蹟《きせき》といってよい出来事なのだということを。

しかし、そのような幸福を、誰にも遠慮することなく手放しで人に語るのはいけないことだと思う人もいる。実際、幸福を公然と語ってはいけない時代があった。生活の中でのささやかな喜びを口にすることをためらわせるのは、その人自身の考えというより、外からの圧力であることの方が多い。

この圧力は直接言葉として向けられることもあれば、「空気」として感じられることもある。なぜこのような圧力を感じると幸福を求めることができなくなるのかについては後で考えたい。

幸福は質的でオリジナル

三木清によれば、幸福は質的なものであり、成功は量的なものである。

お金を得ることや出世するということであれば、イメージするのはたやすい。ところが、幸福は質的なものであり、しかもその幸福は「各人においてオリジナルなもの」なので、他者には理解されないことがある。成功が一般的であるとすれば、幸福は個別的である。

量的なもの、一般的なものと考えられる成功は誰にでも手に入れられるように思われるので、嫉妬の対象となりうる。他方、幸福は質的であり、個別的、各人のものなので、他者からの嫉妬の対象にはなりにくい。三木は次のようにいっている。

「純粋な幸福は各人においてオリジナルなものである。しかし成功はそうではない。エピゴーネントゥム（追随者風）は多くの場合成功主義と結び附いている」（『人生論ノート』）

これはトルストイの『アンナ・カレーニナ』の冒頭に、「すべての幸福な家庭は互いに似ている。不幸な家庭はそれぞれの仕方で不幸である」といわれているのとはちょうど逆の言い方である。

トルストイは、幸福と不幸を対比しているが、三木は幸福と成功を対比している。トルストイの言葉を借りるならば、「すべての成功者は互いに似ている。幸福な人はそれぞれの仕方で幸福である」といえるだろう。互いに似ているからこそ、模倣され追随されるのだ。

それでは量的なことであれば、必ず嫉妬の対象になるかといえばそうではない。百メートルを走るのに十秒を切る人がいても、そのような人を嫉妬する人はほとんどいない。決して自分の手に届く記録ではないことを知っているからだ。

他者の美を妬《ねた》む人はいる。他者の美を量的なものと考えているからである。美を量的に捉えている限り、自分にも勝てるのではないかと思う。しかし、実際には他者の美に到底追随できないとわかれば嫉妬しなくなる。つまり、美が質的な差異であると知れば嫉妬しようとは思わないし、勝とうとも思わなくなる。化粧や整形ではどうすることもできない美は追随しようがないからである。

その際、自分は他者の美に敵《かな》わないと思う必要はない。他者と自分の美は質的に異なり、比べることができない、そう見ればいいのである。もちろん、自分の質的な美も他者から追随されることはない。

幸福と幸福の条件とは違う

幸福と、幸福の条件とは違う。幸福と幸福の条件を同一視している人は、幸福の条件が満たされたら人は幸福になれると考える。これは、何かの原因があって、今不幸であるとか、生きづらいという人と同じである。過去に大きな災害や事故、事件に遭遇したことや、親から受けた教育を今の不幸の原因だと考える人は多い。

しかし、同じことを経験したからといって、皆が同じになるわけではない。何かの出来事に遭遇した人が皆不幸になるのであれば、それを不幸の原因と見ることはできるだろう。だが、実際には、一時的に大きな影響を受けることがあっても、全員が、いつまでもその出来事を引きずるとは限らない。何かの原因によって人は不幸になるのではないのである。

それと同様に、幸福であることにも何かの原因は必要ではない。成功を幸福と同一視している人は、成功が幸福の原因だと考えている。不幸な人は過去の経験が今の不幸の原因であると考え、この先自分を待ち受けていることのすべても自分が不幸になることの原因になると決めつけている。いっぽう、成功を幸福と同一視している人は、未来に達成する成功が幸福の原因であると見なしている。

過去に起こったことが必ずしも悪とは限らないように、これから起きることが必ず悪であるかどうかはわからない。もちろん、必ず善であるかどうかもわからない。人生の終わりに人を待ち受けている死についても、誰も死がどういうものかを経験したことがない以上、それが悪であるかどうかは断言することはできない。

アドラーは、次のようにいっている。

「大切なことは何が与えられているかではなく、与えられているものをどう使うかである」(『人はなぜ神経症になるのか』)

成功もお金も与えられたものである。より重要なことは、その与えられたものをどう使うかであって、使い方によって人は幸福であることもあれば、不幸であることもある。

与えられたものが通常であれば不幸の原因と見えるようなことであっても、必ずしもその人がそれによって不幸になるとは限らない。反対に、与えられたものが他者が嫉妬するようなものであっても、それが幸福であることを保証するわけではない。

幸福と幸運は違う

幸福がここまで見てきたようなものであれば、何かが起こること、何かを経験することによって幸福ではなくなることはないということがわかるだろう。何かの出来事や経験が原因で、不幸、あるいは幸福がその結果である、ということではないからだ。同じことを経験しても、それをどう解釈するかは人によって違う。経験と幸福や不幸に因果関係はない。そうすると、幸福は偶然にも左右されないことになる。外的なことや偶然的なことに依存するのは幸運である。

ソロンは、お金があっても不幸な人と、富はなくても幸運な人とを対比して次のように語っている（ヘロドトス『歴史』）。お金があっても不幸な人は欲望を充足したり、降りかかった大きな災禍《さいか》に耐えることにかけては有力だが、富はなくても幸運な人は多くの点で恵まれている。欲望を充足し、災禍に耐える点では富のある人には及ばないが、運がよければ災禍を防ぐことができるからだ。

ソロンがあげている幸運は、身体に欠陥がなく、病気にならず、不幸な目に遭わず、子どもに恵まれること、容姿が美しいことである。さらには、人生をよく終えられることもあげている。

このような人が幸福な人と呼ばれるに値するとソロンはいうが、ソロン自身もいうように、人間は死ぬ前は幸運な人と呼ぶことができても、必ずしもその人が幸福な人とは限らない。子どもに恵まれることや容姿が美しいことは、求めて得られるものではないからだ。

このような幸運とは関係なく、どんなに苦しい状況にあっても人は幸福であることができ、反対に、これらの条件が揃っていても、また、どんなによい環境の中で生きていても幸福ではないこともある。

先にも見たように、何かの原因があって、それによって不幸になったわけではないように、幸運なことがあって、そのことが原因になって幸福になることはないのである。

幸運に依存した幸福はすぐに失われる。そして、失われるような幸福は、そもそも最初から幸福ではない。

運命の人、あるいは邂逅

ある人との出会いがその後の人生を変えたという人がいる。しかし、これとてその出会いがその人の人生を決めたというわけではない。偶然、あるいは、幸運でしかなかった出会いを、その人にとって後になって意味あるもの、必然のもの、運命的なものにするかしないかは自分次第である。

電車に乗り合わせた人との出会いは偶然のものであり、その出会いが特別の意味がある出会いになることはないだろう。もしもある出会いに何か特別の意味づけがされなければば、出会ったことそのものも忘れられてしまうだろう。

高校生の時に初めて、「邂逅」という言葉を先生から教わった。きっかけは偶然であっても、それを「縁」だと思えるような出会い、また、出会いが偶然ではあっても、その出会いに意味を見出し、必然的な出会い、会うべくして会ったと感じられるような出会いを邂逅という。ただの出会いを邂逅にまで高めるためには、出会う側の準備が必要である。

啐啄《そったく》同時という言葉がある。鶏の卵が孵《かえ》る時、雛《ひな》が卵の中から殻を突《つつ》いても、それだけでは殻は破れない。雛が突くのと時と場所を同じくして、母鶏が外から殻を噛《か》み破らなければならない。その呼吸がぴたりと合うことをいう。

ある出会いの偶然をきっかけとして、人と人との出会いが邂逅にまで高められる可能性はあるだろう。だがそのきっかけ自体は偶然にすぎず、たとえ出会いがあったとしても、こちら側に準備ができていなければ、その後の人生を変えうるような意味のある邂逅にはならない。

私は早くから哲学を学んでいたが、紆余曲折《うよきょくせつ》を経て最終的にギリシア哲学を学ぶ決心をする前には苦労しなければならなかった。ある時、大学の片隅で本を読んでいた。ギリシア哲学の碩学《せきがく》、田中美知太郎《たなかみちたろう》の『哲学入門』だった。そこへたまたまサークルの後輩が通りかかった。何を読んでいるのか問われて、本を見せたところ、巻末にあった解説を見て、その解説を書いているギリシア哲学の森進一《もりしんいち》先生は彼の父親が教えている大学の同僚で親友だといわれた。

私はこの言葉に飛びついた。ギリシア哲学を学ぶ必要を感じていたが、ギリシア語を学ぶ機会がなかったので、その先生に力になってもらえないかと思ったのだ。後輩に彼の父親から先生に私のことを話してほしいと頼んだ。一週間後、私は先生の書斎にいた。一人で学んでいたギリシア語を一から学び直すことが提案され、先生の自宅で行われている読書会に参加することを許された。

私がもしもその時、後輩の言葉を聞き流していたら、今の自分はなかったかもしれない。だがただ単に偶然が私のその後の人生を変えたのではなく、私の側に準備があったので、偶然の出会いを必然の出会いにすることができたのである。

実際に幸福であること

このように、幸福や不幸であるための条件は存在しないとすれば、何かの実現、あるいは、欠如ということがなくても、幸福であるか、不幸であるということになる。成功が何かの達成を待たなければならないのに対して、幸福は存在に関わるとはこういう意味である。

さらに、幸福であると「思われる」ことには意味はなく、実際に幸福で「ある」のでなければ意味がない。実際に幸福で「ある」人は、他の人には幸福には見えないかもしれないとしても。

プラトンは『国家』の中で、ソクラテスに次のように語らせている。

「正しいことや美しいことの場合は、多くの人はそう思われることを選び、たとえ実際にはそうではなくても、とにかくそう思われることを行い、そう思われるものを所有し、人からそう思われさえすればよいとする人々が多いだろうが、善いものの場合は、もはや誰一人、自分の所有するものがただそう思われているというだけでは満足できず、実際にそうであるものを求め、たんなる思われは、この場合、誰もその価値を認めないのは明らかではないか」

幸福であると思われるだけでは何の意味もない。実際に幸福でなければならない。成功して富を得たとすれば、その富の額は測れるという意味で量的であるから、その額によって富を所有する人が幸福に見えるかもしれない。だが、富を所有していることが本当に幸福なのかといえば、決してそれは自明ではない。

幸福と幸福感は違う

さて、これまで、幸福は成功とは別物であること、何かの実現を待たなくても今、人は幸福であること、さらに、人から幸福であると思われることではなく、実際に幸福であるのでなければならないということを見てきた。その上でさらに、幸福感と幸福であることはまったく別であることを指摘したい。

三木清が、次のようにいっている。

「幸福を単に感性的なものと考えることは間違っている。むしろ主知主義が倫理上の幸福説と結び附くのがつねであることを思想の歴史は示している。幸福の問題は主知主義にとって最大の支柱であるとさえいうことができる」(『人生論ノート』)

幸福が主知主義と結びつくとはどういう意味なのだろうか。先に、あらゆる人は善を欲し、幸福でありたいと願うことを確認した。その際、プラトンがいう善悪には道徳的な意味はなく、ためになる、ためにならないであることを注意した。

しかし、善を欲し、幸福でありたいと願っても、それだけで幸福になれるわけではない。何が善であるかという判断を誤ることがあるからだ。幸福を感じられるためには、何が善であるかを知っていなければならない、それが、幸福が主知主義と結びついているということの意味である。

プロタゴラスは「万物の尺度は人間である」と考えた。すべてのことは、各人の思いなし（ドクサ）で決められるということだ。例えば何かを食べた時、それが苦いとか甘いということについては、たしかに各人の思いなしのどれもが真だということだ。

しかし、食べ物が有害か、無害かということになると、まったく話は違ってくる。おいしいからといって必ずしも健康によいとは限らず、むしろ有害であることがある。食べ物が有害か無害かは恣意的《しいてき》には決められない。

これまで、成功が幸福であると疑わない人がいることを見た。だが、もしも成功が幸福に結びつかないとすれば、それは何が幸福かという判断が誤っているからである。幸福を求めておよそ見当違いの方向を見ているのだ。

実際に幸福であることだけに意味があるのに、他人から幸福に見えることで満足する人がいることも指摘した。虚栄心のある人は、人から幸福であると見られるために、華美な衣装を身にまとい、高価なブランド品を身につける。

たとえ人からどう思われるか、幸福と見られるかには拘泥《こうでい》しないとしても、幸福と幸福感を混同すれば、やはり見当違いの方向に幸福を求めることになる。善悪、幸福、不幸が何かを知ることから始める主知主義的な幸福論は、熱狂や陶酔の中で情緒的に考えることとは違う。

熱狂や陶酔は判断を誤らせる。麻薬、覚醒剤、危険ドラッグの類は一時的な多幸感、高揚感を得させるかもしれないが、常習性のあるこれらの薬物は心身を疲弊させ、ひいては犯罪にも結びつく。薬物による快感は幸福ではない。快いと感じることと幸福が違うことは、感覚や感性ではなく、知性で考えることによって初めて理解されることである。

およそどんな行動をする時も、何を目的として行動するかを問題にしなければならない。その目的とは善であり、幸福である。それを問題にせず、情緒的なものに訴え、行動へと駆り立てるのは危険である。

為政者は国民の熱狂的な幸福感を必要とする。為政者は国民が自分で考え、判断することをなによりも恐れる。為政者の考えを無批判に受け入れさせなければならないからだ。そのためには感情に訴え、感情を煽らなければならない。

他者に煽られたり、流されたりすることなく、自分がしようとしていることの目的を見極めようとする人は、主体的に幸福を選択することができる。そのような人は、皆が進むのと同じ方へと向かって歩いていこうとはしないことがある。皆が酔っているのに、その人一人だけが醒めている。皆が成功を目指していても、日常のささやかな幸福があることを知っている。そのような人が為政者にとって好ましくない人であることは間違いない。

幸福とは何か、どうすれば人は幸福になれるのかと考え始めた時、人はもはや幸福ではないのかもしれない。とはいえ、このような問いを立てないといけないような不幸な出来事を経験しない人もまた、いないだろう。

しかし、本章で見てきたように、幸福を阻むように見えることがすぐに思い浮かぶとしても、そのこと自体がすぐさまその人を不幸にするわけではない。反対に、成功したり、幸運に恵まれたからといって幸福になれるというわけでもない。それどころか、これまで見てきたように、何かを経験するから幸福になるわけでも、反対に不幸になるわけでもない。これまでに何度もいってきたことだが、人は幸福に「なる」のではなく、すでに幸福で「ある」。そのことを知った人は、幸福になるために何かの実現を待たなくても、日常の瞬間に幸福を感じることができるだろう。

第二章　なぜ幸福になれないのか

日常のささやかな幸福は誰もが感じられるはずである。また、第一章で見たように、誰もが幸福であることを願っている。ところが、本当は幸福になりたいはずなのに、幸福になってはいけないと思う人がいる。個人の幸福を全体の幸福よりも優先してはいけない、また、正義や道徳を幸福に優先しなければならないと考える人がいる。さらには、幸福になりたくない人もいる。なぜそのように思う人がいるのかを本章では考えてみたい。

幸福は犠牲ではない

カウンセラーとして、学校に行かなくなった子どもと話をすることがある。その子たちに親が幸福であるのと不幸であるのとどちらがいいかとたずねると即答する、幸福であるのがいいと。子どもは自分のせいで親が不幸であることは望まない。

多くの子どもがこのように考えていることを私は知っているので、不幸に見える親には、あなたの子どもは、あなたが幸福であることを望んでいると伝える。親はなぜ子どもに自分が不幸であると見せるのか。それは、自分が不幸であるのは、学校に行かなくなったこの子どものせいだといいたいからだ。もちろん、こんなことを親が自覚しているわけではない。だが私は一生懸命子どもを育ててきたのに、この子のせいで不幸だと、無意識的に世間の同情を引こうとしているのである。

とはいえ、親が不幸であることをまわりの人に見せたとしても、子どもがそのことで学校に行くようになるわけではないのならば意味がないではないか、そう親に話すと、ようやく話を理解した親は、子どもとは関係なく幸福であることを自分にも許せるようになる。

老いた親の介護に日々心を砕いている人も多い。十分すぎるほど親に尽くしているのに、なおも十分親孝行ができていないと思う人は、知らずして、自分がいかに大変な思いをしているか、どれだけ頑張っているかをまわりに訴えようとしている場合がある。それは実のところ、介護を自分ほどはしていない他の家族への隠された非難でもあるのだが、介護をされている親は、自分の介護をしている子どもがそのような態度を取ることを嬉しいとは思わないだろう。

子どもであれ、親であれ、自分が幸福であることが先決である。最初のきっかけは何であれ、学校に行かなくなると、子どもは親が悩むのを見ることになる。以前は自分に注目してくれないと思っていた親が自分のことで心を砕いているのを見ると、学校に行かなければ親の注目を自分に引きつけられることを知る。

しかし、親が自分のことで悩み、不幸に見えることは、先に見たように、子どもが望むことではない。そうなると板挟みになる。子どもが学校に行く、行かないは、最終的に自分で決めることであり、どちらの決断をするのであれ、子ども自身の人生に大きな影響を与えることになるので、親が悩むことで子どもの判断に影響を与えてはいけないと私は思う。親が幸福であることは、問題の解決に直接的には役立たないかもしれない。だが、少なくとも、子どもは冷静に自分の問題を見つめ、考えられるようになる。

子どもはそれまでの人生において親からどれほどよくしてもらっても、老いた親にそれをそのまま返すことはできない。親から受けたものは、自分に子どもがいればその子どもに返せばいいし、子どもがいなければ、何らかの形で社会に返せばいいのである。

近年、韓国で講演する機会がしばしばある。その際、韓国の若い人たちからもさまざまな質問を受ける。韓国の若者も、たとえ親が反対しても自分の人生を生きるべきだと思っている点では日本の若者と同じだが、韓国では、日本では出てこない質問がされる。どうすれば親孝行ができるかという質問である。日本の若者が親のことを考えていないはずはないが、自分の人生を生きたい、しかしそのことが親を悲しませることになってはいけない、だから親の意向には逆らえない、そう思っている韓国の若者は、日本の若者以上に板挟みになっている。

私はこんなふうに答える。一時的に親子の間に軋轢《あつれき》が生じることになったとしても、最終的にあなたが幸福になれば、それが究極の親孝行だと。子どもが親を喜ばせるために犠牲になる必要はない。親は子どもの選択によって心が折れるような思いをすることがあっても、そのことは親が自分で解決するしかない。

自己犠牲的な生き方を自らの意志で選んだ人を立派であると思うことは間違ってはいないが、私が危惧《きぐ》するのは、そのような生き方が強制されたり奨励されたりすることである。生命を犠牲にするのでなくても、誰かのために生きることが、それが親であってもまた子どもであっても、よきことであると見なされ、そうしない人に圧力がかけられるのであれば怖い。親が子どもに、また子どもが親に献身することはあってもいいが、それが道徳になってはならない。

個人の幸福と共同体の幸福

どれほど大変な日常での生活の中にあっても、ささやかな幸福を感じること以外の幸福はないと私は思う。そのように思うことをためらわせるものがあるとすれば、個人の幸福よりも共同体を優先しなければならないという考えになるだろう。この共同体の意味については後に見るように、家族、さらに広くは国家も共同体だが、最小の単位は「私」と「あなた」なので、先に見た子育てや介護の例では、自分自身の幸福を親子関係よりも優先してはいけないのではないかとためらう人がいるということになる。

子育てや介護では、学校に行っていない子どもや介護を要する老いた親をさしおいて、私が幸福になっていいのかと思う。だが、この共同体の範囲をどんどんと広げて、他の人が幸福でないのに自分だけが幸福になってはいけないと思うようなことになれば、その他の人は無限にいるので決して幸福にはなれないことになるだろう。

『維摩経《ゆいまぎょう》』には釈尊《しゃくそん》の弟子である文殊菩薩《もんじゅぼさつ》が病気の維摩を訪ねる場面がある。この病気は何によって起こったのかという問いに維摩は「一切衆生が病んでいるので、その故に私も病む」と答えた。維摩は、他の人の苦しみをさしおいて、自分だけが幸福になることはできないと考えたのである。

自分だけが幸福になることはできないというのは、私も維摩がいう通りだと考える。たしかに、他の人の苦しむことが自分に関係がないと考えるのと考えないのでは大きな違いがあるだろう。しかし、だからといって他の人が苦しんでいる間は幸福になれないというわけではない。まず自分が幸福になっていいのである。

たしかに、世界では戦争がいたるところで起こり、横行するテロによって多くの人が犠牲になっていたり、貧困のゆえに生活に窮したりしている。だが、そのような人を無視して、あるいは、犠牲にして生きているわけではないのだから、自分がこんなふうに温々《ぬくぬく》と幸福を享受していいのかと考えるのではなく、現実を変える努力はする一方で、どんな状況においても人は幸福であることを、まず自分がモデルとなって他の人に示してもよいと思う。

個人の幸福より優先するものがあるのか

戦前は滅私奉公や自己犠牲を優先することが当然のこととされた。今日、滅私奉公や自己犠牲を個人の幸福よりも優先させるべきだと公然という人は多くはないだろう。だが、個人の幸福よりも全体の幸福が優先されるべきと考える人はいる。

「自分だけが幸福であることはできない。皆が幸福で初めて幸福だと感じられることが大切だ」といった政治家がいた。この政治家だけが特別であるわけではない。全体の幸福を考えなければならず、全体の幸福から離れて個人の幸福はないというのはたしかにその通りだと思う人はいるだろう。

しかし、このもっともらしい主張が、「皆」の幸福が個人の幸福に「優先」するという意味であれば問題である。自分だけが幸福にはなれないということは、全体の幸福が個人の幸福に優先するということではない。ただ単に、自分の幸福だけを考えることはできないし、個人は共同体を離れては生きることもそもそもできないのだから、自分だけの幸福は考えられないというにすぎない。

また、個人の幸福と全体の幸福が「対立」するということも決して自明なことではない。個人と対立するとされる全体が一体どういう意味なのか自体も自明ではない。

自分だけの幸福を追い求めてはいけないし、自分だけの幸福を求めることを利己的、自己中心的であると見なし、そのような行動の対極として、犠牲的な行為を美しい行為として賞賛する人もいるだろう。しかし、先にも見たように、美しい行為として犠牲を他者に強要することになれば、もはや受け入れることはできない。

良心の義務と幸福の要求

三木清が次のようにいっている。

「良心の義務と幸福の要求とを対立的に考えるのは近代的リゴリズムである」（『人生論ノート』）

リゴリズムとは、厳格主義という意味である。良心の義務としての正義や道徳の方が幸福を求めることよりも価値として優位に立つと考え、幸福に反してでも正義を求めなければならないと、良心の義務と幸福の要求を厳格に対立させる考え方だ。

このような、個人が幸福を追求することを阻む無言の、あるいは有言の圧力がある。その圧力は外からくることもあれば、最初のきっかけは外からの働きかけに違いないとしても、自分の内からくることもある。

結婚したいと思う。結婚して幸福になりたいと思う。しかし、親のことを考えたらできないと思う。親の反対に逆らってまでも結婚をしようとは思わない人がいる。

先に韓国の若者がどうしたら親孝行ができるかと質問をすると書いた。自分の人生を生きたいが、親を不幸にしてはいけないと思う時、そして、それが良心の義務であり、親の意向を優先して、たとえ自分が幸福になれないとしても親孝行という道徳を優先するべきだと考える時、良心の義務と幸福の要求が対立する。

親に反対されるのでなくても、結婚しようと思った時に何らかの事情で親を一人にできないというようなことがある時も、自分だけが幸福になっていいのかと悩むことになる。

三木の生きた時代には、良心の義務は、滅私奉公や自己犠牲の奨励を意味したであろう。このような良心の義務をないがしろにして、個人の幸福を追求することはできない、あるいはしてはいけないと考えた人、また、世間からそのような圧力を感じた人は多かったはずだ。

自分がしたいことをするだけではなくて、義務を果たさなければならないと考える人には、自分がしたいことだけをして生きることは利己的に見えるかもしれない。

自分がしたいと思うことと義務とが一致しなければならないと考える人も、そのように考えるのは、幸福の要求と良心の義務が別のことであることを前提としているからである。

その上、時代によって、この良心の義務の内容は変わる。

「社会、階級、人類、等々、あらゆるものの名において人間的な幸福の要求が抹殺されようとしている」（三木、前掲書）

このような状況においては、個人の幸福は制限される。個人の幸福よりも良心の義務が優先されるべきだとされ、両者が矛盾、あるいは対立する時は幸福の要求は否定される。

そうすると、自分だけでは幸福にはなれないという、それ自体としては素朴な考え方が背景にあるだけに、良心の義務が個人の幸福追求に優先するという考えに正面切って反論することは難しくなる。

今日の良心は幸福の要求

三木は、良心の義務と幸福の要求の対立について語った後、次のようにいっている。

「これに反して私は考える。今日の良心とは幸福の要求である」

これは一体どういう意味なのだろうか。

三木は、さらに続けて次のようにいっている。

「幸福の要求が今日の良心として復権されねばならぬ」

両者が別のものとして見られたのは近代のことだが、西洋においては、幸福になりたいという願いはギリシア以来万人共通のものであると考えられていた。

三木がここで「復権」といっているのは、以前は幸福の要求と良心の義務が対立していなかったからだ。幸福になりたいと願うのは、あらゆる人に共通することだ、そう考えられていたのである。

そのように考えれば、幸福の要求と良心の義務が対立するように見え、人が幸福になりたいと語ることにためらいを感じ、また、個人の幸福追求よりも、義務の遂行、犠牲こそ優先するべきだという考えのほうがむしろ特異な考えであることがわかる。

ところが「すべての人は幸福であることを望む」（プラトン『エウテュデモス』）という考えは、現代において否定されることがある。その一つの例として、フランクルが次のような指摘をしている。

フランクルは「人間は幸福になるために生きるのか」という問いに答えて、「私は、人間はほんらい根本的に幸福を求めるものだという考え方に断固として反対します」と答えている（『宿命を超えて、自己を超えて』）。幸福は目標ではなく、結果にすぎない。幸福は追求するものではない。幸福になろうとすれば失敗するというのである（『それでも人生にイエスと言う』)。

先に、「人は誰も悪を欲しない」というソクラテスのパラドクスとして知られる命題について見た。これは、誰も自分のためにならないという意味での悪を欲することはなく、善を欲する、人は不幸になることを望まず、誰もが幸福であることを望むということだった。

アドラーが提唱した目的論自体は、アドラーの独創ではない。人間の言動、生の究極の目的として善、幸福を据えるのが目的論だが、それはギリシアの思想の流れ、また、キリスト思想の流れの中にも位置づけることができる。

フランクルはこの流れの中にはいない。古くはカントが、どうすれば幸福になれるかではなく、幸福であるに値するような道徳性を持つことが重要であると主張した。幸福はカントにとって価値の優先順位の筆頭ではないのである。

私は、幸福、善を優先順位の筆頭に立てる。道徳はその幸福を実現する手段として位置付けられるものに過ぎず、筆頭に立つわけではない。

この道徳が、先の三木の言葉でいえば良心の義務である。幸福主義に異を唱える人は、個人の幸福(善)よりも大切なものがあって、それが良心の義務であり、道徳であるとする。とすれば、道徳は人に犠牲を要求するので、自分自身の幸福など持ち出してはいけないと思う人がいても不思議ではない。それどころか、そのような人は、幸福でないことに一種屈折した幸福を見出すことになる。

幸福の麻痺

戦争中に徴兵されることになった当の若者とその親が、そのことを名誉なことだと皆に語る場面が小説、映画、ドラマなどで描写されるのを見ると、そんなことが本当にあったのかと思ってしまう。徴兵されると殺される可能性は高い。そのことを知らなかった人がいないとは思えない。戦争に行くことが国民の義務であり、笑顔でこの生命を捧げるといわなければならなかったのだろう。出征する父との別れにすら悲しみの感情がわかなくなるほど、教育が徹底し、多くの人は麻痺していた（島本慈子『戦争で死ぬ、ということ』）。だから、戦争には行きたくなくても、笑顔でこの生命を捧げるといわなければならなかったのだ。

空襲がくる前は誰も戦争というものがどういうものか想像もできなかったのかもしれない。私の父は徴兵を待たず、海軍飛行予科練習生（予科練《よかれん》）に志願したが、国のためとは考えなかったと話すのをよく聞いていたので、誰もが国のために犠牲になろうと思っていたのではなかっただろうと思う。戦争がどういうものか正しく理解しないで志願した父のような人がいたことも戦争の悲劇である。

この時代には、良心の義務と幸福の要求が対立するものと考えるように教育によって強いられた。良心の義務と幸福の要求が相容れないものとされていたこのような時代背景を思うと、この時代に三木が「今日の良心とは幸福の要求である」と書いていることに私は驚く。

人生に意味がないと思いたい人

幸福になりたいとは思っていても、幸福になってはいけないと思う人がいる一方、幸福にはなりたくないように見える人もいる。

人生は生きるに値すると思えれば、人生に意味がないとは思わないだろう。とすれば、逆にいうと、人生には意味がないと考えるのは、実際に自分が置かれている状況が厳しいからというよりも、人生が自分の思う通りにならないから、自分は不幸であり、自分が生きる人生は不公平であると考えていることになるだろう。

人生が自分の思う通りにならないというのは誰もが経験することで、だからといって、誰もが人生は不公平だと思うわけではない。だが子どもの頃から甘やかされて育ってきた人は、自分では何もしなくても、まわりの人が自分のために働いてくれることを当然だと思っているので、このように思いがちになるのである。

しかし、まわりの人が自分のために働いてくれるというようなことは、甘やかされて育った子どもたちが生きてきた虚構の世界以外にはない。

現実には、自分が何もしなければ、他の人も誰も自分のために働いてはくれない。それで甘やかされて育った子どもは、社会に出ると、現実の厳しさに目が眩《くら》むような思いがする。

こうして、自分が子どもの頃には知らなかった厳しい現実に直面し、自分の思うようにならないことを経験すると、この人生には意味がないと思うようになるのである。

私としては、自分が望むような人生を送れると期待すること自体がそもそも間違っていると思うのだが、たしかに挫折をすることなく生きる人もいるだろう。そのような人は多くの場合、他者から援助されることで幸運にも成功を重ねてきたのだが、たった一度の躓《つまず》きでも、致命的な打撃を受け、再起不能だと思ってしまう。

そのようなことがあっても再起を期し、挽回する努力をすればいいのだが、そうはしないで、人生には意味がない、生きるに値しない、だから自分は不幸だというようなことを思う。だがこれにはわけがある。

自分が自力で向き合うしかない人生の課題を、この人生が自分の思うようにならないことを理由にして、回避しようとしているのだ。

失敗した時の再起の努力が必ずしも成功するとは限らないだろう。だから、再起の努力をしないで、逆に人生の方に自分の挫折の原因を求めようとするのである。

対人関係に入ることを怖れる

子どもの頃に甘やかされ、自分では格別努力をすることなく、ほしいものを手に入れてきた人にとって、他者は手強い存在である。親であれば無理なことをいっても聞き入れてくれるが、そのようなことは親との間でしか通用しない。

対人関係の中に入れば、何らかの摩擦が起きる。嫌われたり、裏切られたり、避けられたり、憎まれたりして、満身創痍《まんしんそうい》になる。親の庇護《ひご》のもとで生きていた頃には思いもよらなかったことである。

もちろん、誰もが対人関係の中で必ず傷つくわけではないし、同じような傷つくような出来事に遭遇しても、立ち直りが早い、もしくは、少しも傷ついたと思わない人もいるだろう。だが、保護されて生きてきた人は大きな痛手を受ける。

そのような人には、アドラーが「あらゆる悩みは対人関係の悩みだ」と言い切っていることは、たしかにそうだと思えだろう。また第一章で見たように、プラトンが「どの生きものにとっても、生まれてくるということは、初めからつらいことなのだ」（『エピノミス』）といっていることにも、対人関係で苦しんだ人であれば共感するだろう。

たしかに、対人関係の中に入っていかなければ誰からも傷つけられることはない。しかし他方、幸福や生きる喜びも、対人関係の中でしか得ることはできない。誰とも関わらなければ悩みはないが、その代わりに喜びもない。

結婚する決心をしたのは、この人となら幸福になれると考えたからではなかったか。たとえ、後になって、そのことが大きな誤解だったことに思い至ることがあるとしても。

初めて子どもと対面した親も、子どもと共に生きることで、きっとこれからの人生はそれまでとは大きく違ったものになるだろうと思ったはずである。夫婦二人の生活がいつの間にか行き詰まっていても、子どもがいれば難局を打開できると考えた人もいるだろう。無論、話はそんなに簡単ではないが、そのような二人は子どもの誕生を切望し、子どもが家族の幸福を再建すると信じたはずである。今は子どもに嫌われ、暴言を吐かれるというようなことが、仮にあったとしてもである。

対人関係に入らないためには理由が必要である。失恋したことがあって、その時のことがトラウマになって、人を愛することが怖くなったというようなことをいう人がいる。子どもの頃、親から受けた教育を理由にする人もいる。甘やかされて育った人であれば、その人にとって親はいい人だが、他者は怖い人になる。

あげられる理由は様々だが、何も理由がなければ、対人関係の中に入ろうとしないことをまわりは許してくれないし、何よりも自分が納得できない。子どもが朝学校に行きたくない時に、お腹が痛くなったり、頭が痛くなったりするのと同じである。

自分の性格について子どもの頃から親からあれこれといわれ続けてきた人は、私はこんな性格だから、誰も私のことを好きになってくれるはずはないと考えて、少なくとも積極的には対人関係に入ろうとしない。

子どもの頃に親から叱られなかった人は少ないだろう。叱る親はそうすることが親の仕事であり、しつけのために必要だと考えているかもしれない。だが、叱られた子どもはそのことで自分を好きにはなれなくなってしまう。そのような人は、叱られることで自分を好きになれなかったことを、対人関係を避けるために理由にする。人から傷つけられるようなことをいわれたり、されたりすれば、そんなことをいったり、したりする人の方にこそ問題があるはずなのに、自分の性格のせいにして、自分のことを悪くいう人は責めないで、自分はこんな人間だから、悪くいわれるのだと考えてしまう。そのように考えて、いよいよ対人関係の中に入っていこうとしなくなる。

対人関係の中に入らなければ、いよいよ不幸になるだろうが、人から傷つけられることを恐れる人は、不幸であることを嘆いているように見えて、実は、不幸であること、少なくとも幸福ではないことを自ら選んでいるのである。対人関係に入って傷つくというリスクを犯したくないのである。

この場合、不幸であることを選んでいるように見えても、実は傷つくことを怖れて対人関係の中に入らないことを選んでいるのであり、先のソクラテスのパラドクスに倣《なら》えば、対人関係に入らないことが自分にとっては善である、そう考えているのである。

幸福になれば注目されなくなる

何か問題を抱え、そのため自分は不幸であると思っている人が、幸福であろうとはせず不幸であり続けるのは、不幸であれば他者の注目を引くことができるからだ。幸福になれば、もはや誰からも特別の注目を得られなくなることを知っているのだ。

親は子どもが入院すると、病院で寝ずの看病をする。中学生の時、交通事故で入院したことがあった。眠れなかったのか、夜中に目が覚めたのかは覚えていないが、深夜、母が近くにいたことを覚えている。はるか高い空を飛行機が飛ぶ音が聞こえた。今も母が夜中も近くにいたことを甘美な思い出として持ち続けている。

多くの子どもは親が看病してくれることを最初は喜ぶが、やがて病気が治ると、親が自分から離れていくのではないかと不安になる。子どもが生命の危険を脱し、健康を取り戻すと、親は子どもにこんなことをいう。「明日は用事があってこられないけれど、明後日はくるからね」。子どもは困惑するが、回復すればまわりからの注目が得られなくなることを知る。回復することを本来喜ばなければならないはずだが、病気の最中ほど親から注目されないことを知ると、治ってはいけないと思う子どもがいても不思議ではない。実際、医学的には何の問題もないはずなのに、病気がぶり返すことがある。

うつ病を患っていたある高齢の女性は、最初の頃は診察の時はいつも、息子とその妻が脇を固めるようにしっかりと寄り添っていた。ところが、薬が効き症状がよくなると、まず息子がこなくなった。息子の妻も一緒に待合室で診察の番がくるのを待たなくなり、今のうちに買い物をしてくるといって出かけるようになった。やがて診察が終わっても帰ってこないことがあるようになり、診察後もしばしば一人で迎えを待たなければならないようになった。その後うつ病はよくなったが、この方は大腿骨骨折で寝たきりになってしまった。

人は不幸であれば、まわりの人から注目されるが、幸福になると注目されなくなることを知っている。幸福になりたいといっている人でも、その実、幸福になれば、注目されなくなることを知っているのである。

このような人は実のところ、不幸になりたいわけではなく、注目されることで特別な存在でありたいだけである。しかし、特別でなくても幸福であればいいではないか。幸福こそが至上の価値なのだから。

愛されないリスクを冒したくない

思いを寄せる人に自分の思いを打ち明けたいと思う。しかし、自分の思いを打ち明けても、受け止めてもらえないという事実に直面することを怖れる人がいる。そのような人は、自分の気持ちを打ち明けようとはしない。傷つくことを恐れるのだ。何もいわなければ、相手に自分の気持ちは伝わらない。だが、その人とは関係が生じることもないのだから、傷つくこともないのである。

自分の思いを打ち明けられないと思うための理由はすぐに見つかる。自分のことを自分でも好きとは思えないのだから、他の人が自分のことを好きになってくれるはずはない、そう考えればよいのである。

自分のことを好きになれないことの理由もすぐに見つかる。子どもの頃、親から受けた教育を理由にすることができる。実際には、子どもの頃に受けた教育が対人関係に入れないことの理由ではないにもかかわらず。

恋愛関係に入らない理由を自分に価値がないことにではなく、相手に求めることもある。運命的な出会いがないという人は、本当は自分の人生を変えるような出会いをしていても、それに気づかないだけである。結婚に憧れている若い人から運命的な出会いがないという話をよく聞くが、そのような人は、出会った人を結婚するパートナーの候補者から外すためにそういっているだけである。

現実に出会う人を、現実からかけ離れたシンデレラ・ストーリーに描かれる理想の男女と比べるのは、その人を恋愛や結婚の対象にしないためである。恋愛や結婚の対象になりうる相手なのに、候補者から外すためには「ロマンティックで理想的な、あるいは、手に入れられない愛」（アドラー『人生の意味の心理学』）を創り出せばいい。このような愛を創り出す人は、相手の価値を過剰に高めることによって自分の価値を下げている。

「手に入れられない愛」を創り出すには、理想の人を待つ以外の方法もある。恋愛の成就が困難な人を好きになればいいのである。もちろん、誰かを愛する気持ちはどんな場合も真剣で、相手の条件を調べてから好きになったわけではない、気がついたらこの人を好きになっていたのだと、猛然と反発されることは必至だろう。しかし、恋愛の成就を阻む事情が彼や彼女側にあって自分にはない、というために、難しい人を恋愛の対象に選ぶことがあるのも事実である。後に恋愛がうまくいかなくなった時、もしも彼や彼女が普通の人だったらうまくいったのにといえるからだ。

同時に二人の人と恋に落ちる人も、そのことを愛の成就が困難である理由にしたい人である。アドラーは「二人を愛そうとすることは、事実上、どちらも愛していないことである」といっている(前掲書)。二人のうちのどちらを取るかで悩むことには目的がある。どちらにも決めないためである。悩むのをやめると、どちらかを選ばなければならなくなる。選ぶことを先延ばしにするためには、悩まなければならないのだ。

このように、愛の関係に入ることに踏み切れなかったり、恋愛が成就しないことや相手を決められないことで悩んでいる人は、まわりの人には不幸に見える。だが、その不幸は自分で選んでいるのである。

他者から注目されないことを恐れる

自分からは何もしなくても、他の人から自分が期待することをしてもらえたらいいが、現実には、そのようなことは起こらない。他の人が自分がしたことにいつも気づき、それに声をかけてくれるとは限らない。髪の毛にパーマをかけてみても、誰も気づかないことはありうる。それはある意味仕方がない。自分も他の人のしていることにいつも気づいているわけではないのだから。

横断歩道を渡る時、信号待ちをしている運転者が自分を凝視するのがいやだという人がいた。たしかに、運転者が車の前を横切る人の顔を一瞬見ることはあるかもしれないが、信号が変わり、車を発進すれば、運転者は生涯二度と、今しがた見た人のことを思い出すことはないだろう。

人から見られることを恐れているはずなのに、逆に注目されなくなると、今度はそのことを不満に思う人もいる。そこで、他者をいわば強制的にでも自分の方に注目させたいと思い、積極的に問題行動を起こす、あるいは、消極的には、不幸であることで自分に注目させようとする。

そんなことをしなくても、普通にしていればいいはずなのに、どんな形であれ、自分が格別の注目を受けたいと思う人は多い。

皆が幸福そうにしているのを見て、つらくなって離れていく人がいる。そのような行動を取ることで、他の人の注目を得ようとしているのだろうが、実際には、その人が去ったことに誰も気づかない。思いがけず一人になった人は、自分のことが大切にされていなかったと思う。これは望んでいたこととは違うだろうが、半ば予想していたことでもある。自分のことを心配しない人は、なんてひどい人たちかと思えたら、孤立することを合理化することができるからだ。

失うことを怖れる

幸福の最中にあって幸福を凍結したいと思う人については先に見たが、今持っているものを失うことを怖れる人もいる。何かを持つことと幸福であることには関係はない。多くの人は持つこと、例えば、車や家を自分のものとして所有したいと思う。給与が増えると、以前よりも贅沢な生活が送れることになると思うのだ。しかし、そのような人の幸福は持続しない。なぜなら、何かを持った人は、失うことを怖れるようになるからだ。

初めから何も持っていなければ失うこともないのだから、最初から何も求めなければいいことになる。しかし、このような禁欲的な生活をすることが、幸福かといえば疑わしい。何も欲することがなくなるわけではなく、ほしいものは依然あるのに、ほしいとは思わず我慢しているだけだからだ。さらにいえば、そのような人は何もほしいとは思わないから持たないのではなく、何も持たない自分にどこか優越感を持っているように見える。

それでは、我慢をしないでほしいものをほしいといい、実際にほしいものを手に入れればいいかというと、多くの場合、もっとほしくなるものだ。なぜなら、そのような人がほしいものをほしいといわないのは、ほしいと思わなくていいと判断したからではなく、そうするべきではないと思いとどまっているにすぎないからだ。

先に見た、幸福の要求と良心の義務が対立している人と同じで、そのような人は良心の義務を優先するべきだと心の底から納得しているわけではない。ほしいものをほしいといってはいけないと納得しているわけではないので、一度たがが外れると要求は留まることなくなり、手に入れたものを失わないようにすることに汲々とすることになる。

このことは、ものの所有に限らない。物質的には恵まれてはいなくても、家族と過ごす一家団欒《だんらん》をこの上なく幸福だと感じる人は多いだろう。たとえ貧しくても、こんなふうに皆が一堂に会して食事ができることは何とありがたいことだと思うだろう。

しかし、こんな生活が一体いつまで続くのだろうか、とも思う。不幸な出来事に遭うのでなくても、親が子どもと共に生活している時はいつまでも続くわけではない。いつの日か、子どもは親から自立していく。子どもの自立はありがたいことだが、子どもに自分の人生を賭けてきた人にとっては、やはり喪失感は大きい。

こんな時、人は、幸福になりたくないのではないとしても、今感じているささやかな幸福ですら、手放しで喜んではいけないと思ってしまう。しかし、やがて失われるのであれば、今、幸福と感じてはいけないのだろうか。

本章では、まず、幸福を他の何かのために犠牲にする必要はないし、自分の幸福よりも優先しなければならないものはないことを述べた。そしてその上で、幸福になりたくない人がなぜそう思うのかを見た。他者と関わることで傷つくことを恐れ、そこでしか幸福を見出すことができない対人関係に入っていこうとしない人は、不幸であれば注目されるが幸福であれば注目されなくなることを知っているのである。

第三章　人間の尊厳

幸福について考える時には、人間をどう見るかによって大きな違いが出てくる。生きることは他者との関係を離れて考えることはできないが、自分をどう捉えるか、他者をどう捉えるかによって、幸福とはどういうものか、どんな時に幸福であると感じられるかは変わってくる。それどころか、そもそも幸福を感じるかどうかにも関わってくる。

本章では、人間には自由意志があることを明らかにする。前章で見たような幸福になる勇気を欠いている人は、人間に自由意志があることを認めたくない。なぜなら、自由意志によって行動を、さらにいえば自分の人生を選べるとしたら、すべての責任は自分にあることになるからだ。

必然に解消されない

ものの運動とは違って、人間の行為は原因だけでは説明しつくすことはできない。ものであれば手を放せば必ず落下するが、人間には自由意志があるので、何かをするもしないも自分で決めることができるからだ。

自由意志を認めない人はいる。そのような人は、自由意志で何かある行為を選択したように見えても、選択するに至った原因のすべてが知りつくされていないだけだと考える。

しかし、このように考えるには、自由意志はあまりに自明でヴィヴィッドであるように見える。

人間の行動に自由意志はなく、すべてが決定されているという意味での決定論に立てば、幸福や不幸も問題にはならない。たとえ選択を誤ることがあったとしても、自由意志で選択できるからこそ幸福を感じられ、生きる喜びも感じられる。子どもが親からいわれた通りにして何かを首尾よくやりとげたとしても、少しも嬉しくないのと同じである。何かの原因によって後ろから突き動かされるというよりは、目標を定め、そちらの方へ、こちらから向かっていくというイメージの方が、人間のあり方を適切に表しているように思う。

行動の目的を善と見るという目的論がまったく問題にされなければ、人間の行動はものの運動と同じになってしまうだろう。人間の行動がものの運動とは違うのは、自由意志によってそれが選ばれるところにある。その際、自分にとって善である、つまり先に見たように、自分にとって「ためになる」と見なされることが選択される。

ただし、何が善であるかという判断を誤ることがあるので、結果としては、必ずしも善である行動を選択できるわけではない。それでも、誤るにせよ、人間の行動は必然に解消されることはないので、ものが落下するような運動にはならない。

空腹を感じた時、目の前に何か食べるものがあれば手を伸ばす。しかし、空腹が手を伸ばさせるわけではない。たとえ空腹であっても、病気のために食事制限をしている人であれば、食べないという決心ができるし、それを必要とする人に譲ることもできる。食べないことや他の人に譲るのは、そうすることが善だという判断をしたからである。

選択できたからこその後悔

自由意志があるからこそ、過去のことを後悔することがある。自分で選んだのでなければ、後悔することもないはずである。過去を振り返れば、仕方がなかったと諦めることができないことは誰にでも多々あるだろう。別の選択肢があったと思えばこそ後悔する。決定論や運命論に立つ方がよほど慰めになる。選択を誤ったことに自分は責任はないと思えるからだ。

子育てや介護に関わった人は、判断を誤ったために子どもや親を苦しませたことがあるだろう。われわれは全能ではないのだから、選択や判断を誤ることを回避することはできず、その責任も免れない。それでも、その時々にできうる最善のことをしたと考えたい。

後から見れば、過去は必ず違ったふうに見えてくる。他に選択肢があったことに気づくのは後になってのことである。小説を一度読み終わってから後に再読した時には、初めて読んだ時には見えなかったことが見えてくる。話の全体は読み終えるまでは見えないのである。

別の選択肢はあったかもしれないが、他の選択肢を選ぶ余地はなかった、あるいは、決定のための時間が限られていたので、考える余裕すらないままに決めたことは、決めさせられたのであり、自分で決めたとは思えない。

それでも、仕方なかったのでは〈ない〉というところに、人間の責任が生じる。

感情に支配されない

もしも人が自分では何も決められず、何かによって決定されているのであれば、今とは違うあり方へと人を導くことである教育は、成り立たないことになるだろう。教育も治療も適切な働きかけによって人が変わるということが前提だからだ。

感情は、理性によっては抑えることのできないものなので、人はそれに支配される、そう考える人は多い。常は理性的な行動を取れる人でも、何かのきっかけで大声を出したり、手まであげたりするということがあり、ついカッとしたなどという。

感情にアプローチする一つの方法は、感情は本来抑えることはできないが、どうすればその本来抑えることができない感情を制御できるかを考えることである。

人は感情に支配されることはないと考えるのが、感情へのもう一つのアプローチの方法である。感情は抑制できない非合理的なものではなく、感情的になることには目的があると考えれば、感情についての理解と対処の仕方は変わってくる。

怒りを例にすると、ついカッとしたという人は多い。その際、何かの出来事と、それと時を置かずに起こった怒りの間にはタイムラグがほとんどないので、何かの出来事が原因で、怒ったことがその結果であると、出来事と怒りの間に因果関係があるように見える。しかし、実際には、どれほど短い時間ではあっても、瞬時にどうするか、怒りを発散するのか、今はやめておくのか、どちらが自分にとって善であるかを決めている。

多くの場合、怒りは他者を支配するために創り出される。この怒りの目的がわかれば、怒ることがその目的を達成するために有効なのかどうかを確かめることができるようになる。そもそも他者を支配することの是非も問題にできる。大きな声を出せば自分の主張が通るという経験をした人は、いつも大きな声を出すだろうが、そうすることでは、たとえいうことを聞いてくれても気持ちよく聞いてはもらえないことを知れば、従前とは違う行動を取ることができるようになるかもしれない。

トラウマをめぐって

アドラーがトラウマ（心的外傷）を否定したとして批判されることがあるが、アドラーがトラウマのことを知らなかったはずはない。アドラーは、第一次世界大戦に軍医として従軍した。戦場でアドラーが見たのは、人と人とが殺し合うという現実だった。

人が、自分の意志では選べないことを強要された時に、精神を正常に保てないことはありうる。それにもかかわらず、アドラーがトラウマを否定したのは、何かの出来事を経験したことが原因で、その結果として必ず心に傷を受けるという因果関係を認めないからである。大きな影響を受けることは間違いないとしても、同じ経験をしたからといって、皆が同じように心を傷つけられるわけではないのである。

アドラーは次のように説明している。

「いかなる経験も、それ自体では成功の原因でも失敗の原因でもない。われわれは自分の経験によるショック――いわゆるトラウマ――に苦しむのではなく、経験の中から目的に適うものを見つけ出す。自分の経験によって決定されるのではなく、経験に与える意味によって自らを決定するのである。そこで特定の経験を将来の人生のための基礎と考える時、おそらく何らかの過ちをしているのである。意味は状況によって決定されるのではない。われわれが、状況に与える意味によって自らを決定するのである」（『人生の意味の心理学』）

「経験の中から目的に適うものを見つけ出す」という時の「目的」が、人生において取り組むべき課題から逃げることであれば、トラウマを持ち出すことによって、その目的を達成しようとするだろう。そのことをアドラーは問題にするのである。

トラウマによる不安を訴える人には、もともと困難を回避する傾向があったということもありうる。それまでも、働くことに消極的で、できるものなら働きたくないと思っていた人であれば、トラウマを理由として働けないというかもしれないからだ。

最初は災害や事故に遭った場所や、何かの事件に巻きこまれた場所に行った時に心臓の鼓動が速くなったり、頭痛がするという症状が出ただけだったのに、やがてその場所に近づくだけで症状が出るようになる。そうなると、外へ一歩も出られなくなるまではすぐである。

劣等コンプレックス

もちろん、大きなショックを受けた人に対してこのような説明をすることは難しい。

AだからBできないという論理を日常生活で多用することを、アドラーは「劣等コンプレックス」と呼んでいる。このAとして、自分も他者も共に納得しないわけにはいかない理由を持ち出してくる。それが、神経症であったり、ここで問題にしているトラウマである。

人と人が殺し合うような場にいると、人が精神を正常に保つことができない。災害に遭った時も同じである。これらの状況は自分の意志では選ぶことはできないからだ。

それにもかかわらず、なぜアドラーがトラウマを否定したのだろうか。それは、どれほどつらい経験をしたとしても生きていかなければならないからであり、自分が取り組まなければならない課題を前にして、トラウマを理由にしてそれを回避してはならないからだ。

心に傷を負うような経験をしたとしても、すべての人が必ず心を病むわけではない。人が人生の課題から逃れるために、何かの経験をしたことで心に傷を負ったという時、そのようにいう人の拠って立つ原因論は目的論に包摂される。原因論に立つことで、自分が課題に取り組めないことを正当化するという目的を達成しようとしているのだ。

大きな出来事を経験して症状が出ることがあったとしても、必要以上に症状を増幅させたり、長期化させたりしないことが大切である。今、直面する対人関係の問題が過去の出来事に原因があると見て、その課題に直面しない、少なくとも積極的には直面しようとしないことは避けなければならない。

原因の一つとしての目的

原因論も目的論に包摂されると書いたが、この目的を、アリストテレスは原因の一つとしている。彫刻を例にすれば、青銅、大理石、粘土などの「質料因《しつりょういん》」（何からできているか）、像を刻む「起動因《きどういん》」（動がそこから始まる始動因）としての彫刻家、彫刻が何を表しているか、彫刻家が描くイメージが「形相因《けいそういん》」（何であるか）、そして「目的因《もくてきいん》」（何のために成立したのか）である。目的因以外の原因が揃《そろ》っていても、彫刻はできない。彫刻家がそもそも彫刻を作ろうと思わなければ、彫刻は存在しないからである。何かの目的、例えばそれを売るためだったり、売らずとも自分が見て楽しむという目的のために像を刻もうと決心するのである。

ソクラテスが、死刑判決を受けた後も逃亡せずに獄に留まっていたことは、骨や腱などのあり方のようなソクラテスの身体条件に即しても説明することはできるのかもしれないが、そもそも獄に留まり刑に服することを「善」と考えていなければ、とっくの昔にメガラなり、ボイオティアなりに行っていただろうといっている（プラトン『パイドン』）。

この善こそが「真の意味の原因」であり、それ以外の原因は「副原因」、「それなしには」原因も原因として働くことのでき「ない」（sine qua non）必要条件ではあっても、「真の原因」ではない。

アドラーも目的論に立脚するが、目的しか扱わなかったのではない。主たる原因を目的としたのである。行為について「なぜ」を問う時にアドラーが使う「原因」という言葉は、「厳密な物理学、科学的な意味での因果律」ではない（『子どもの教育』）。

例えば、脳や臓器の生理的、生化学的な状態や変化は、心身症の質料因である。症状は質料因によって起きるのであって、目的が症状を創り出すわけでもない。だがそれでも目的論の立場では、質料因があればただちにそれが症状を引き起こす（cause）わけではないと考えるのである。

しかし、他方、質料因がなければたしかに病気にはならない。例えば、心筋梗塞の原因は冠動脈の硬化であり、冠動脈が閉塞することを心筋梗塞というが、何かの目的がこの病気を創り出すわけではない。

人がある出来事を経験することについても、出来事を経験することで必ず心に傷を負うわけではない。過去の経験は今の問題の原因（質料因）ではあるが、過去の経験が今の問題を引き起こす（cause）わけではない。

過去に親から虐待を受けたことと、今、パートナーとの関係がうまくいかないことに因果関係があると見たい人はいる。だが、その因果関係は「見かけ」でしかない。因果関係があるのではなく、過去の経験と今の問題の間に因果関係があると見ることには、先に見たように、自分が直面する課題から逃げようとするという目的があるのだ。

しかし、そこに因果関係があると見て、今の対人関係の原因を戻ることのできない過去の経験に求めれば、今の問題を解決しなくてもよくなる。因果関係があると見るのは、今の対人関係の中における自分の責任を曖昧《あいまい》にするためでしかないのである。

決定論を超える

アドラーは十九世紀生まれの思想家である。当時の思想家の多くは、人間は見えないものに規定される非合理な存在であり、世界も目に見えないものに規定されていると考えていた。

フロイトは、意識は無意識に、マルクスは上部構造は下部構造に規定されていると考えていた。しかしこのような考え方は、ギリシア以来の主流ではなかった。

人間を非合理な存在と見る考えは、古来多くの人に支持されてきた。なぜなら、自分が生きづらいこと、不幸であることにはトラウマや階級的な社会構造に原因があるといわれると、生きづらいことや不幸であることの責任は自分にはないことになるからだ。

どんな時代においても、見えないものが見えるという人は権威を持つ。アドラーは「患者を依存と無責任の地位に置いてはいけない」といっている（『人生の意味の心理学』）。患者を無責任の地位に置いてはならないのは、自分の選択以外のことに生きづらさや不幸の原因を見れば、患者自身の責任が見えなくなってしまうからである。

依存の地位に置くというのは、あなたのせいではないのだといって、患者に「私のせいではなかったのだ」と気づかせる治療者が、患者を自分に依存させていることを指している。そのような洞察をすると、それまで自分を責め続けてきた人はカタルシスを持つ。治療者の解釈に抵抗する患者がいても、「自分ではわかっていないだけだ」といえば、治療者が権威者になり、患者を自分に依存させるのは容易である。

原罪をめぐって

人間は罪を犯さざるをえない存在だというのがキリスト教の考えである。人間が罪を犯さざるをえないのであれば善行をどれだけ重ねてみても、人間は罪を犯さざるをえないので、決して救われないことになる。

『詩篇《しへん》』の中で、人間が「狂った弓」に喩えられている箇所がある。罪という言葉はギリシア語ではハマルティアといい、その意味は「的を外す」（ハマルタノー）である。人間がなすべきことをすることが「的に当てる」ことであれば、弓矢が的を外すことが罪である（北森嘉蔵《きたもりかぞう》『聖書の読み方』）。この弓そのものがゆがんでいれば、人間はどんなに練習を重ねても、正しく的を射ることはできない。

同じ考えは新約聖書では次のパウロの言葉に表現されていると北森は指摘している。

「わたしは自分のしていることが、わからない。なぜなら、わたしは自分の欲する事は行わず、かえって自分の憎む事をしているからである」(『ローマ人への手紙』)

北森は、『詩篇』とパウロの言葉を引き、キリスト教では、人間はどんなに努力をしても矢は的を外す、つまり人は罪を犯すと見ているが、他方、道徳は人間を「狂いのない弓」であると考えているという。弓に狂いがないのであれば、練習を積めば的を射ることができるようになる。的を射られないのは練習が足りないからにすぎない。

私は、善行を実践できないのは、弓に狂いがあるので練習しても決して的を射ることができないからではないが、といって、弓そのものに狂いはないので練習さえ積めば的を射ることができる、というのでもないと考える。練習が足りないから的を射られないというより、何が善であるかについての知が欠如しているから的を射られないのである。的そのものを見失っている、あるいは的が見えていないのである。そうであれば、いくら練習を積んでも意味はない。プラトンに引き付けていえば、的がどこにあるかを知ることが、何が「善」(ためになる)かを知ることである。善を知っているのに努力しても善を実践できないのでも、知っているけれど、練習が足りないので実践できないのでもない。パウロがいうように、自分が欲していることをできないことはないのである。何が善であるかを知っていれば、実践できるはずであり、実践できないとすれば、何が善であるかを知らないからである。

今の問題の原因が過去にあるという考え方も、原罪の考えと同様、免責の理論であり、決定論である。そのような考えに立てば、救われる余地はない。それでも、自分に責任があるという考えに与《くみ》したくない人には免責の理論は支持される。

啓蒙思想としての主知主義

そのような考え方を、免責のためではない別の目的のために必要とする人もいる。人には限界があるということに目を向けてしまうと、信仰のある人であればともかく、自分の力ではどうすることもできないと思ってしまい、何かをしようとする意志は容易に挫《くじ》かれてしまう。自分で何とかできると思わせてはいけないと考える人が、この決定論を支持するのである。

親や教師や上司、また為政者は、子ども、生徒、部下、国民が自立することを恐れる。ここでいう自立とは、何かによって決定されるのではなく、自由意志を持ち、自分で決定できることである。自分では自分が直面する問題についてどうすることもできないと思っている限り、現状を受け入れるしかないと諦めることになる。

その方が親、教師、上司、為政者には都合がいい。子ども、生徒、部下、国民が現状を変えることができると知ることは、権威者にとっては脅威である。理性で判断できる人を、感情に訴えて説得することは難しい。

決定論は反啓蒙的思想である。古代ギリシアのアテナイでは、日蝕についての科学的な説明がすでになされ始めていたにもかかわらず、時間を逆戻りして、反啓蒙的な思想が力を占めるようになった。

古代ギリシア、アテナイにおいて、哲学者アナクサゴラスは、日蝕と月蝕について、それぞれを月や地球が太陽の光を遮《さえぎ》るので起こり、月の光は太陽の光の反射にすぎないと説いた。

ペルシア戦争の前駆であるリュディア・メディア戦争の最中に突如として皆既日蝕《かいきにっしょく》が起こった。後にアテナイを三十年にわたって指導することになるペリクレスが、ペロポネソスに攻め入ろうとしていた時、出発間際にこの日蝕は起こった。水夫たちは、これを何かの前兆ではないかと恐れ、狼狽《ろうばい》した。その水夫たちの前に、ペリクレスは自分のレインコートを広げ、水夫たちの視野をそれで覆った。これは決して何か恐ろしいことの前兆ではない。コートと日蝕に違いがあるわけでなく、ただ目の前を暗くするものが、レインコートよりも大きいだけのことである。このペリクレスの説明は、先に見たアナクサゴラスのものである。ペリクレスが凡庸《ぼんよう》な政治家と異なっていたのは、アナクサゴラスに学ぶところが少なくなかったからである。

ところが、ペリクレスの死後、シシリー島で月蝕が起きた時には、兵士たちだけではなく、将軍のニキアスが、この月蝕に前兆を感じた。そしてアテナイ軍はシュラクサイから即刻、撤退する必要があったのに、出発を延期した。そのため、湾の入り口は敵によって閉鎖され、シュラクサイ脱出の機会を逸したアテナイ軍は海陸からの攻囲で全滅した。

ペリクレス時代の啓蒙は一体どこへ行ったのか。ニキアスのような迷信はいつも時代を逆行させる。

何が善であるかを知っていれば必ずそれを実践できるという主知主義的な考え方は、いつの時代も主流であり続けることはなかった。先に、三木清が幸福を単に感性的なものと考えることは間違いで、主知主義が倫理上の幸福説と結び付かなければならないと指摘していることを見た。あらゆる人は善を欲し、幸福でありたいと願うというギリシア以来の幸福についての見方は、善、幸福が何であるかという知識によって支えられているからだ。

このような考え方は、反知性的な幸福感を強調する考え方とは相容れない。幸福と幸福感は違う。為政者らは国民の感情に訴え、幸福感を高揚する。幸福感に酔いしれる国民は容易に支配される。

責任は選ぶ者にある

ギリシアでは、各人にそれぞれの運命を導くダイモーン（霊）がついていると考えられていた（プラトン『パイドン』）。だがプラトンは、当時の通念とは違って、運命は与えられるものではなく、各人が自分自身で選び取るものであることを強調している。

「責任は選ぶ者にある。神にはいかなる責任もない」（プラトン『国家』）

自由意志を認めれば、選択の責任は自分が引き受けなければならない。その選択に伴う責任を誰かに、あるいは、何かに帰するのではなく、「それで（も）よい」ではなく「それがよい」と積極的に選択をしたい。

この考えを曲解して、自己責任論の名の下に「あなたの不幸はあなた自身が選んだものだ」「病んだのは本人のせいだ」という人がいる。

しかし、本来、「責任は選ぶ者にある」という時、その意味は自分の行為について、その選択の責任は自分にあるということだ。「あなたが選択したのだから、その選択に伴う責任はあなたにある」と、選択したことで窮地に陥った人を責めたり、そのような人を自己責任だとして、救済しないことの理由にするのは間違いである。

自分で選ぶことにはリスクがあると知った人は、主体的に選択することを断念するか、ためらうだろう。そして、誰かが決めたことに従う。そうすれば、後に何か問題が起こったとしても責任を免れることができるからである。

自分で選択したことがうまくいくとは限らない。むしろ、うまくいかないことを予想するからこそ、自分では選択しようとしない人がいるのだが、私には、後になって実際うまくいかなくなった時、他者に選択を委ねたためにうまくいかなかったのでは、そのことに納得できるとは思われない。自分で選択したことであればこそ、どんな結末になってもそれを受け入れることができる。他者に選択を委ねた結果として、自分に降りかかった結末では、誰も納得することはできないだろう。

本章では人には自由意志があることを見てきた。このことを受け入れるには勇気がいる。人は、責任がすべて自分にあるとは思いたくないからだ。

しかし、人は過去に経験した出来事や、まわりから影響を受けるだけの存在（reactor）ではない。自由意志で自分の人生を決めていくことができる存在（actor）である。間違うことがあっても自分の人生を選び決められると考えることで、人間の尊厳を取り戻すことができるのだ。

第四章　他者とのつながり

自分の人生を選び、決めることができるとはいっても、人はこの世界で一人で生きているわけではない。自分の行く手を遮る人も当然いる。そのような他者との関係の中で、はたして人は他者と結びついているのだろうか、それとも敵対しているのだろうか。他者をどう捉えるかによっても、幸福についての見方は違ってくる。この章では、他者を敵と見なすのは対人関係の中に入っていかないためであり、他者を自分と結びついている仲間と見ればこそ対人関係に入っていくことができるし、そのようにして自己中心性から脱却することが、幸福に繫《つな》がることを明らかにする。

人は一人では生きられない

人は一人で生きているのではなく、他の人々の間で生きている。人は、一人では「人間」になることはできない。

人は個人としては限界がある。アドラーは次のようにいっている。

「もしも人が一人で生き、問題に一人で対処しようとすれば滅びてしまうだろう」（『人生の意味の心理学』）

これはアドラーが人間を生物と見た時に、この自然界では弱い存在であることを念頭に置いていった言葉だが、人が一人で生きることができないというのは、生物として弱いというだけの意味ではない。

「われわれのまわりには他者が存在する。そして、われわれは他者と結びついて生きている」（アドラー、前掲書）

アドラーは、この他者との結びつきを「共同体」と呼んでいるが、この共同体は二人の人間の結びつきから始まる。共同体の最小の単位は「私」と「あなた」である。この「私」と「あなた」という二人の結びつきが、人類全体まで広がるのだ。

神学者の八木誠一《やぎせいいち》は人と他者との関係を「フロント」（面）という言葉を使って説明している（『ほんとうの生き方を求めて』）。八木は人のあり方を四角形として示すが、のみならず、この四角形の四辺のうち一辺は、実線ではなく破線になっている。この破線のところが、他者に開かれていて、ここで人は他者と接しているのである。私は他者なしには生きられず、私を生かす他者もまた、別の他者に生かされている。

人は他者と「フロント」で接している。その他者に開かれている面は実線ではなく、破線なので、このフロントは他者のフロントと接することによって塞《ふさ》いでもらわなければならない。人は自分だけで完結しているのでも、完全でもない。他者に自分のフロントを補ってもらわなければならず、その意味で、他者と繋がっているのである。

例えば、赤ん坊は一瞬でも親の援助がなければ、生きてゆくことはできない。子どもを育てる母親は夫に支えられ助けられる。その夫は夜遅く帰宅した時、子どもの寝顔を見ることで癒《いや》され、また明日も頑張って働こうと思える、というふうに、この円環構造は回帰する。

この共同体の最小単位である「私」と「あなた」がより大きな共同体へと広がっていくわけだが、といって、ただ人が集まれば共同体が成立するというわけではない。「私」と「あなた」も、ただ一緒にいるだけでは関係は成立しない。

親子関係を例にしていえば、親は子どもを子どもであるというだけで愛せるわけではない。子どもも親であるというだけで、親を愛せるわけではない。親子関係が決裂することはありうる。子どもを愛する技術を知っていなければならない。

人は行為の次元でだけ他者と結びついているのではない。赤ん坊はまだ幼くて行為の次元では何もできなくても、存在の次元ではフロントにおいて親と接し、親を支えることができる。親が子どもの寝顔を見て癒されるのがその一例である。このようなことは、本人が意識している必要はない。

このような意味では寝たきりの病者であっても赤ん坊と同じように他者の支えになり、貢献することもできる。だが、そのように思えるためには一つの条件が必要である。そのことについては後で問題にしたいが、予告的にいうならば、他者と反目し対立していると、他者との結びつきは容易ではなく、そうなると「私」と「あなた」の関係すら成立することは難しくなり、その二人の共同体はより大きな共同体へと広がっていくことができなくなる。

縦か横か

自分が他者とどんな関係にあると見るかといえば、縦（上下）の関係と見るか、横（対等）の関係と見るかである。男女関係についていえば、今日《こんにち》、男が上で女が下と見る人は少ないだろう。少ないだろうという表現をしなければならないのは、実際にはまだまだ男が上と信じて疑わない人を見るからである。

大人と子どもとの関係についていえば、今も大人が上で子どもが下と見ている人は多い。それどころか、そのことが当然だと思われている。本書では扱わないテーマだが、今でも子どもをしつけるためには叱らないといけないと考える人は多い。対等の関係であれば、子どもを叱ったり、手を上げたりすることはありえないはずなのだが。

職場での対人関係では、職責の違いは人間関係の上下を意味しない。上司の方が早く入社した分、若干、部下よりも知識と経験があるというだけなのに、昇進した途端、それまでとは違う態度を取らなければならないと考え、部下を叱りつける人がいる。

知識、経験、取れる責任の量は違っても、人間としては対等であるという、今の時代にはコモンセンスであるはずの考えが、現実には理解され、認められていない。

口では対等だという人でも、誰か他の人を叱ったり、ほめたりするのであれば、その人は、相手を対等には見ていないのである。

距離の違い

次に、対人関係は、その心理的な距離と持続性の点で三つに分けられる。仕事、交友、愛の関係である。

一日の長い時間を職場で過ごす人にとっては、職場での対人関係がうまくいかない時には仕事がつらく感じられる。しかし、職場で過ごす時間は長くても、仕事の関係は一時的で深くはないので、職場を離れてからも、職場での対人関係のことを考える必要はない。

友人との出会いの仕方は様々だが、仕事の関係が基本的には利害を離れてはいないのとは違って、交友関係は利害を超える。この人と付き合えば得か損かというようなことは、少しも問題にならない。

愛の関係はパートナーとの関係と、家族との関係を指す。子どもはいずれ自立し、パートナーとは関係がうまくいかない時には別れるという選択肢はある。舅、姑との関係は厄介であると考える人は多いが、所詮他人だという割り切りもできないわけではないだろう。

むしろ家族の関係で難しいのは、実の親との関係である。実の親との関係は切ることができないからである。これは子どもは親を敬うべきであって、親の老後の面倒を見るべきだというような道徳の問題としていっているわけではない。近い関係で長く一緒に生きた親は、関係がよくても悪くても、無視することはできない。できるものなら、よい関係を築きたいが、親が変わることは難しく、子どもが親との関係の中で長くこだわってきた過去のあれやこれやの出来事を親が忘れることもある。

対人関係の距離の取り方は難しい。遠ければ人を援助することはできないし、近すぎても、かえって援助することができなくなる。

多くの場合、親子関係の距離は近すぎる。子どもが自分で解決しなければならないこと、あるいは、子どもにしか解決できないことにまで親が介入する。

しかし、親といえども子どもの人生に責任を取ることはできない。子どもの進学、就職、結婚に反対する親がいるが、親は自分が反対したことで進路や結婚相手を変更した子どもの人生に責任を取ることはできないだろう。

もちろん、親に従う子どもの方にも問題はある。自分の人生なのに親から止められたからといって親に従う必要はない。それなのに親に従うとすれば、後に躓《つまず》いた時、その責任を親に転嫁できると考えているからである。しかし、親に従った時点で親に従ったという責任が生じるので、あの時、本当は親のいいなりになりたくなかったという弁明は本来できないはずである。

敵か仲間か

さらに他者を、隙あらば自分を陥れようとする「敵」と見るのか、必要があれば援助する用意がある「仲間」と見なすかは人によって違う。敵と見るか仲間と見るかでは大きな違いがある。

他者をどう見るかは自明ではない。アドラーは第一次世界大戦の最中に、他者を「自分と結びついた人」と見た。ドイツ語ではMitmenschen（仲間）という。

この言葉の反意語がGegenmenschenである。これは人と人とが対立している（gegen）、あるいは、敵対していることを指す言葉だ。私はこれを「敵」と訳した。他者を自分と結びついた存在としての仲間とは見ないで、自分と敵対している存在、「敵」と見る人がいる。むしろ、他者を隙あらば自分を陥れようとする敵と見ている人は多い。

他方、他者を自分の仲間と見なす人は、たしかに中にはそうは思えない人がいるとしても、その人は例外だと見ることができる。

他者を敵と見るか仲間と見るかはかなり恣意的である。何かがあって、つまり嫌われたり、傷つけられたりしたことや、言動や性格が原因で他者を敵と見るのでも、仲間と見るのでもない。

この人とは関わりたくないと思えば、それまでは相手の長所だと思えたことが短所、欠点に見えてくる。頼りがいがある人が支配的な人に、優しい人が優柔不断な人に見えてくる、というように。

先に、自分に価値があると思わないことの目的は、他者との関係に入らないことであることを見た。傷つくことが予想される対人関係に入らないために、自分に低い評価をするのである。

他者を敵と見る人も、対人関係の中に入っていこうとしないためにそのように見る。したがって、実際に他者が敵であるかどうかは問題ではない。他者を敵と見なすのは簡単である。たった一人でも自分に対して好意的でない人を見つけたら、その一人の自分についての見方、態度、対応を一般化し、他者は自分を陥れようとする敵だと見なせばいいからである。

他者は敵ではなく仲間

アドラーは、「あらゆる悩みは対人関係の悩みだ」といっている。実際、人との関わりは摩擦をもたらさないわけにはいかない。そのようなことを経験するくらいなら、いっそ誰とも関わらないでおこうと考える人がいてもおかしくはない。

しかし、生きる喜びや幸福もまた、対人関係の中でしか得られないのも本当である。生きる喜びや幸福は対人関係の中でしか得ることができないのであれば、対人関係の中に入るしかない。しかし、傷つくこともあることを思えば、対人関係に入るのには勇気がいる。この勇気のない人が、他者を敵と見なし、対人関係の中に入っていこうとしないのである。逆にいえば、他者を仲間と思えれば、対人関係の中に入っていく勇気を持つことができる。

それでは、この勇気はどうすれば得ることができるのだろうか。アドラーは次のようにいっている。

「私は自分に価値があると思う時にだけ、勇気を持てる」(*Adler Speaks*)

ここでいう「勇気」は対人関係の中に入っていく勇気である。どうすれば自分に価値があると思えるかは後に考えるが、生きる喜びや幸福は対人関係の中でしか得られない以上、対人関係の中に入るためには他者を敵ではなく、仲間だと見なければならない。

共同体の意味

アドラーがいう「共同体」（ゲマインシャフト）は、目的、利益社会という意味でのゲゼルシャフトに対比される共同体である。もともとゲマインシャフトという言葉は、共同体内部の結束は強いが、外の世界に対しては敵対的であるような社会のあり方をいうものだった。そのような社会では、後から成員になることは難しく、仮に一時的に所属することはできたとしても、いつまでもよそ者のままでしかいられない。

しかし、イエスがいう、またアドラーがいう共同体は、そういう意味での共同体ではなく、外の世界に開かれている。八木誠一は、イエスの言葉が文字通り行われる社会を、報いをまったく求めない純粋の「贈与型社会」と呼んでいる（『イエスと現代』）。

このような意味でのゲマインシャフトは、外の世界に対しても無限に開かれている。アドラーは共同体感覚をMitmenschlichkeitという言葉で表しているが、これは人と人が結びついて（mit）いるという意味である。結びつく人は、共同体内部の人だけではなく、共同体の外にいる人であってもいい。

ある律法学者が、何をすれば永遠の生命を得ることができるかとイエスにたずねた。その問いに対して、イエスは、「あなたの隣人を愛しなさい」といった。それ対して、律法学者は「私の隣人とは誰か」とたずねた。イエスは直接には答えず、次のようなサマリア人《びと》の喩えを語った。

あるユダヤ人が強盗に襲われ倒れていた。そこを通りかかった祭司や人々は見て見ぬ振りをして通り過ぎた。ところが、あるサマリア人だけは、怪我人を見ると、胸が締め付けられる思いがして、近づき傷に油と葡萄酒を注ぎ包帯をし、自分のロバに乗せて宿屋に連れて行き、介抱した。その上、翌日、宿代まで負担した。サマリア人にとって、自分たちを差別冷遇するユダヤ人は本来「敵」だったはずだが、このサマリア人にとっては傷ついたユダヤ人は「隣人」だった。国民、民族などの違いとはまったく関係なく、義務からでもなく、胸が締め付けられる思いがしたので駆け寄ったのである。

アドラーのいう共同体の範囲は広い。さしあたって、自分が所属する家族、学校、職場、国家、人類というすべてであり、過去・現在・未来のすべての人類、さらには、生きているものも生きていないものも含めたこの宇宙の全体を指している（『人間知の心理学』）。共同体をこのような意味で捉えれば、ユダヤ人だから傷の手当てをしないというようなことはありえないだろう。

そのような共同体は「到達できない理想」（『教育困難な子どもたち』）であって、決して既存の社会ではないとアドラーはいう。しかし、アドラーは、共同体感覚という言葉から連想されるような既存の社会への帰属感をいっているのではなく、限定された共同体に適応することが重要であるといっているのでもない。そのような既存の社会への帰属感や、自分が所属する共同体が外の世界へ開かれず、より大きな共同体の利害を考えないことは全体主義になるからだ。

先に、共同体感覚をアドラーはMitmenschlichkeitという言葉で表していることを見たが、このMitmenschen（仲間）は、隣人（Nächster, Nebenmenschen）とほとんど同じ意味で使われる。その隣人はサマリア人にとってのように国や民族などの限定を超える。

「決して現在ある共同体（ゲマインシャフト）や社会（ゲゼルシャフト）が問題になっているのではなく、政治的、あるいは、宗教的な形が問題になっているのでもない」（アドラー『生きる意味を求めて』）

時間的にも今の世代に限らず、過去から現在、未来まで連綿と続くあらゆる世代に連なる。今の世代同士の結びつきだけではなく、これから生まれてくる世代の人とも人は共生していかなければならない。今がよければ後はどうなってもいいわけでは、ない。

まず人間

一九三〇年代の末から四五年まで、人を罵《ののし》るのに「それでもお前は日本人か」ということが流行《はや》っていた。この問いは修辞疑問であり、その意味は「それならば日本人ではない」ということである。「それでも」の「それ」は、相手の言動であり、罵る側は、「それ」が日本人の規格に合わないと見なした。

一九四五年の三月三一日の夜、白井健三郎《しらいけんざぶろう》（フランス文学者、当時は海軍軍令部に勤めていた）に「きみ、それでも日本人か」といった人があった。白井は落ち着き払って答えた。

「いや、まず人間だよ」

「まず人間とは何だい。ぼくたち、まず日本人じゃあないか」

「違うねえ、どこの国民でも、まず人間だよ」

この話を伝える評論家の加藤周一《かとうしゅういち》は、次のようにいっている。

「人権は『まず人間に』備るので、『まず日本人』に備るのではない。国民の多数が『それでも日本人か』と言う代りに『それでも人間か』と言い出すであろうときに、はじめて、憲法は活《い》かされ、人権は尊重され、この国は平和と民主主義への確かな道を見出すだろう」（『羊の歌』余聞』）

私は、ソクラテスが、「あなたはどこの国に属するのか」と問われた時、「世界の市民だ」と答えたという話を思い出す。

それでも日本人か？　その前に、「それでも人間か」が問われなければならない。それ以外のことは人権とは関係がない。国籍も性別も、大人か子どもかも関係がない。子どもだからといって態度を変えるのは間違いである。

他者は存在するのか

はたして、私と同じような他者がこの世界に存在するのか。この問題が長らく私をとらえて離さなかった。小学生の時に人が死ぬという事実を知った時、人は死ねばどうなるのかということと並んで、このことが私には大問題になった。他者は私の中にだけ存在し、いわば私の影のような存在にすぎないのかもしれない、そう私は考えた。

私がこのように思ったのは、大人が私がしたいことを止めなかったからか、大人が止めなければならないようなことを私がしなかったからだろう。しかし、やがて、私の前には私の行く手を阻止する人が現れた。私の世界は私だけで完結しているのではなく、私の世界の中に私の意志とは関係なく他者が介入してくることをその時初めて私は知った。

それは、私に妹が生まれた時だった。きょうだいが生まれた時、親がそれまでのように自分にだけ注目しなくなったことに子どもは気がつく。親からすれば注目しようにもできないというのが本当だが、子どもには起こっていることの意味が理解できないか、できてもその現実を受け入れたくないと思う。

保育園や小学校で同じ年齢の子どもと生活を共にするようになると、いよいよ自分が世界の中心にいるのではないことを思い知らされる。だが大人になっても、自分を中心に世界が回っていると信じて疑わない人も少なくない。

所属感

何らかの共同体の中に自分の居場所があると感じられること、ここに自分がいてもいいと感じられることは、人間の基本的な欲求である。だが、人は共同体の一部ではあっても、その共同体の中心にいるのではない。

アドラーがしばしば症例にあげる広場恐怖症者は、外が怖いので外に出て行こうとしないのではない。外に出ると家の中でのように注目されない。注目の中心にいられず、自分がたくさんの人の中の一人でしかないという事実を認めなければならないことが怖いのである。

共同体の中心にいることを当然と思ってきた人は、「あなたは共同体に所属し、その一部であるけれども中心にいるわけではない」といわれたら困惑する。中心にいないからといって背景に押しやられるわけではないのに、もはや自分の居場所がないように思う。

生まれてからしばらくは親の不断の援助がなければ生きることはできないが、やがて自分でできることが増えていく。それなのに子どもはいつまでも自分では何もできないと思いたがり、親の方もそう思う。そのため、子どもはいつまでも自立しない。

こうして、親から甘やかされて育った子どもは、大人になっても自分が共同体の中心にいると考え、自分を守ってくれる人に自分を支えさせようとする。恋愛関係においても、相手が自分に何を与えてくれるかということは絶えず気にかけているが、自分が何ができるかは考えない。そのような恋愛の結末を予想することはたやすい。

どうすればこのような自己中心性から脱却できるようになるかは後で考えるが、ここではまず、人はいつまでも他者から与えられていてばかりではいけないこと、自分は共同体の中心にいるわけではないので、他者が常に自分に注目することはないことを確認したい。

他者に与える

前述の八木誠一のフロント理論によれば、この私は他者によって自分の破線になっているフロントを満たされるが、私もまた破線となっている他者のフロントを満たさなければならない存在であった。

しかし、そのフロント（面）の満たし方は何か特別なものである必要はない。自分の

「存在」が、すでに他者のフロントを満たせるのである。他者は生きていることだけで自分のフロントを満たす。仕事から遅く帰ってきた時に子どもの寝顔を見るだけで疲れが癒されるのは、子どもが生きているからである。

同じことが自分についてもいえる。自分が生きていることが他者にとって喜びであり、何か特別なことをしていなくても、他者のフロントを満たすことができる。私は心筋梗塞で入院し、病院のベッドで身動きが取れなくなった。本を読むことはもちろん、音楽を聴くことも許されなかった。数日後、私は思い当たった。家族や親しい友人が入院したと聞けば、取るものもとりあえず、病院に駆けつけるだろう。その時、どれほど重体であっても、生きていることが確認できれば嬉しいだろうと。そうであれば、私が生還したことを家族や友人は喜んでくれたに違いない。何もしていなくても生きていることで、他の人の私に対して開かれているフロントを満たすことができるのである。

やがて子どもは成長し、その存在だけでなく、行為によっても他者のフロントを満たすことができるようになり、病者もまた病気になる以前のように、行為によって他者のフロントを満たすことができるまでに回復できるかもしれない。

他者のフロントを満たすことを私は「貢献する」といっているが、この貢献は行為ではなく、存在の次元でこそ可能であることは、後に貢献について考える時に再度見たい。

自己中心性から脱却するために

自分が共同体の中心にいるわけではないことを知るためには、他者は必ず自分の理解を超えるものであり、決して完全には理解することはできないことを知っていなければならない。同様に、自分のことも他者からは、完全に理解されることはない。

次に、他者は自分の思いのままにコントロールすることはできないことを知らなければならない。自分の行く手を遮る、自分と考えを異にする人がいれば力ずくでいうことを聞かせたらいいではないかと考える人もいるが、それでは本当の問題の解決にはならない。粘り強く言葉を使って説得するしかない。

　先に、人は自由意志を持っていることを見た。だが、自由意志を持っているのは当然自分だけではない。相手も自分と同様、自由意志を持っているので、ものを動かすかのように自分の思う通りに動かすことはできず、自分もまた他者を意のままに動かされたりはしない。

このように、理解できない他者、コントロールできない他者がいることを知ることが、自己中心性から脱却するためには必要である。

自分が共同体の中心にいると思っている人は、他者が自分に何をしてくれるかしか考えない。他者に進んで与える人がいれば、その人の厚意を利用する。アドラーは他者の共同体感覚を搾取《さくしゅ》するという言い方をしている。

しかし、他者が援助をしてくれたとしたら、それはその人の厚意ではあっても義務ではない。思うような援助をされないからといって、そのことに腹を立てる道理はない。

このように考えられるようになれば、自分が共同体の中心にいるのではないということ、他者は自分のために存在しているのではないことが理解できるようになる。

邂逅が破る自己閉鎖性

『涅槃経《ねはんぎょう》』に「盲亀《もうき》の浮木《ふぼく》」という言葉が出てくる。深海に住む巨大な盲目の亀が百年に一度だけ海面にその姿を現す。その時に、穴の開いた流木が浮かんでいて、たまたま亀がその穴に首をつっこむ。それほどの、稀な偶然を指す言葉である。

実のところ、日々の出会いはすべてこれくらい偶然的なものなのだが、その偶然の出会いはすぐに忘れられる。

その出会いをどうすれば邂逅にまで高められるかは先に見た。この邂逅の相手は誰でもいいわけではない。他の誰とも置き換えられない無二の人と出会うのだ。そして、その邂逅によって、自分だけで閉じられていた世界が他者へと開かれる。

ドストエフスキーの『カラマーゾフの兄弟』に、三男のアリョーシャと一群の少年たちが織りなすドラマがある。十三歳のコーリャは自分が独立した対等の人間であることをアリョーシャに示さなければならないと思う。コーリャはアリョーシャの一挙一動が気になって仕方がない。アリョーシャが沈黙すると、軽蔑されているのではないかと思うが、実際はアリョーシャはコーリャを「ゆがめられてこそいるけれど、素晴らしい天性の持主」と賛美していた。

そのことを知ってコーリャはそれまで自分を「えらいやつ」に見せようとしてあせっていたことを告白した。苦しい告白をした後、コーリャは忽然《こつぜん》としてアリョーシャに邂逅したことを覚る。

哲学者の森有正《もりありまさ》はこんなふうにいう。

「かれは本質的に他との関係を自ら意識しながら生きる人間である。かれはすべてを自分を中心として考え、自己が見事に動く姿を点出する。他のすべての人物は自己の活動を引きたてる背景としての意味しかもたない」（『ドストエーフスキー覚書』）

そんなコーリャが、アリョーシャとの邂逅によって、自己閉鎖、あるいは自己中心性を打ち破られることになった。

このような邂逅をすると以前の自分ではなくなる。自分の行く手を遮る存在としてしか他者を見られなかった人が、自分の生き方をも変える他者に邂逅すれば、他者はもはや自分の影ではなく、自分だけがこの世界に生きているわけではないことを知る。

「我―汝」関係

宗教哲学者のマルティン・ブーバーによれば、私の世界への態度には二種類ある。一つは、「我―汝」関係であり、一つは「我―それ」関係である。

後者の「我―それ」関係においては、私はあなたを対象（それ）として経験する。ところが前者、すなわち「我―汝」関係は、これとはまったく違った仕方であなたを経験する。

「私は汝（Du）との関係において我（Ich）になる。私は、我（Ich）となることによって、汝（Du）と語りかける。すべての真の人生は邂逅（Begegnung）である」（Buber, *Ich und Du*）

言葉も交わさず、人を対象化するような「我―それ」関係においては、真のあなた（汝）に邂逅することはできない。私は私だけでは「我」になれない。私はあなたとの邂逅によって「我」になり、そのような私があなたを「汝」と呼ぶことができる。

邂逅後の私は、もはやそれ以前の私ではない。邂逅する前とは違った人になる。「汝」としてのあなたに全人格的に向き合う「我―汝」関係においては、ブーバーは邂逅

(Begegnung）という言葉や、Erlebenという言葉を使っている。これは「事物の表面を歩き回る」(er-fahren）という意味（対象として認識する）の「経験」とは区別された「体験」(Erleben）という意味である。

すなわち、あなたを「生きる」(leben）ことである。このような経験が相互的であり、影響を与え合うのであれば、二人の邂逅は「共生」(mitleben）になる。

普通に言われる意味での出会いが邂逅とはいえないのは、相手を対象化しているからである。そのような出会いに過ぎないのであれば、どれほど回数を重ねても、何も起こることはないだろう。

共にある存在

哲学者の木田元《きだげん》は、人間は本質的に〈…と共にある（être avec...）〉という在り方をしているとして、「人間はそれぞれが孤立して存在しており、その上でやはり孤立した他者と出逢い、共存の関係に入るというのではなく、もともと他者と共にあるのである」(『偶然性と運命』）と述べる。

人間は「もともと他者と共にある」のだから、自己は他者と共にあって初めて完全であることができる。それなのに、「意識に投影された観念的な自己が、本来〈他者と共にある〉その存在の〈他者〉にとって代わり、〈自己─自己〉という構造が形成され、他者はこの〈自己─自己〉にとっての客体の位置へ押しやられてしまう」（木田、前掲書）。

邂逅は、このような自己閉鎖を打ち破ってくれる。〈自己─自己〉の構造を打ちこわし、再び〈自己─他者〉の構造、〈他者と共にある〉本来的な存在を回復させてくれるのだ。

アドラーが「自分への執着」（Ichgebundenheit）を問題にするのも同じ問題意識からである。「人間は本質的に〈…と共にある（être avec...）〉という在り方」をしていて「もともと他者と共にある」のだから、自分は他者と共にあってこそ、初めて完全であることができる。

そうであれば、自分が自分だけで完結することはないことになる。自己完結している人にとっては、他者は自分のあり方に何の影響も与えない。そのような人は本質的に相手を必要としていないから、こちらからは動かない。相手が自分に興味を持てば自分の話はするが、相手のことには興味がないので、こちらからはたずねない。恋愛においては相手に依存せずに自立していることもたしかに必要ではあるだろう。だが、他者が自分を完成させるとは見ない人は、そもそも恋愛しようとは思わない。

愛するということ

他者が私のために存在しているわけではないことは、誰かを愛する時に知ることになる。最初から二人の思いが一致していることはなく、自分の思いが伝わらずもどかしい時には、相手が自分とは独立した、自分の意志を持った存在であることを強く意識しないわけにはいかない。

他方、自分が愛する人のことを知らなかった時の自分のことはもはや考えられなくなる。アリョーシャの一挙一動が気がかりでならなかったコーリャは自分の思いを打ち明けた時にこういった。

「カラマーゾフさん、僕らのこの話し合いは、なんだか恋の告白みたいですね」

アリョーシャに邂逅する前のコーリャにとっては、すべてが自分を中心に動いていた。だが、今やそれはアリョーシャを中心に動き出し始めた。自分が世界の中心にいると思わなければ、自己中心性から脱却することができるのだ。

自分だけが生きているのではないことを意識し始めた人は、人生の主語を「私」から「私たち」に変える。やがて、この「私たち」の意識は二人を超え、社会の共同体全体へと広がっていく。ただし、この二人から共同体への意識の広がりは容易ではない。

「私」から「私たち」へ

プラトンの『饗宴《きょうえん》』の中で喜劇作者のアリストパネスが、昔の人間は今の人間とは違って、今の人間を二人合わせたのが一人の人間だったという話をしている。手と足は四本、顔は前後に二つ、目は四つ、口が二つという具合で、今の人間が二つ合わさったようなこの人間は、力が強く、神々に従わないこともあったので、ゼウスは罰としてこの人間を二つに割ってしまったのだった。

アリストパネスによれば、このようにして分けられた自分のもう一つの半分を求め、一体性を回復しようとすることが愛である。今日でもこの話に由来する「ベターハーフ」という言葉がある。問題は、ベターハーフを見つけ、一体性を回復すると、そのまま離れようとしないで寝食を忘れ、仕事もしないでそのまま死んでいくこともあったことである。

そこでゼウスは、それまで背中の方についていた生殖器を、抱き合った時に直接触れ合う面に持ってくることにした。それまでは、子どもを生むための行為は人間同士ではなく、地面の中にしていたのを、生殖器の場所を変えることで、二人が抱き合う時に子どもが生まれることになり、結合の満足感を持てるようになった。こうして、ようやく抱き合っている状態を中断し、他の仕事ができるようになったのだ。

大切にしなければならない対人関係もあるはずなのに、好きな人との関係以外は意味がないと思っていれば、気がつけばまわりに誰もいなくなるということはありうるだろう。この世界には自分だけが生きているのではないことを知ることができる突破口が恋愛だが、「私たち」を主語に生き始めた二人がさらにその「私」と「あなた」という二人の共同体をより大きな共同体にまで広げていくことが必要である。

そもそも二人の愛は、ただ相手を好きになれば成立するような簡単なものではない。かつては一体であったベターハーフに会いさえすれば愛が成就するわけではないのである。

課題の分離

自己中心性から脱却するためには、自力でしかできないことがあることを知らなければならない。無論、何もかも自力でできるわけではないので、必要があれば他者に援助を求めてもいいし、それどころか援助を求めないといけないこともあるが、自力でできることであれば、極力他者に援助を求めず、自分でしなければならない。

ところが、自分でできることまで他者に援助を求める人は、他者が自分を援助することを当然だと思い、自分を援助しようとしない人を責める。そのような人は自分が世界の中心にいると思っている。

自分が世界の中心にいないと思うためには、目下問題になっていることが誰の課題かを見極める必要がある。あることの最終的な結末が誰に降りかかるのか、また、あることの最終的な責任を誰が引き受けなければならないのかを考えれば、そのあることが誰の課題かがわかるだろう。

例えば、勉強する、しないは子ども自身の課題である。勉強しなければ、困るのは子どもであって親ではない。勉強しなければ、その責任も自分で取るしかない。結末が自分にだけ降りかかり、自分しか責任を取れないことは、他の人には代わることができない。自分の課題には自分が取り組む以外になく、他者が代わることはできないのだ。

事柄によってはもちろん、自力ではできないこともあるのだから、それについては他者の援助を求めてもいい。だが、初めから他者の援助に依存するのは間違っている。

自分で決めることを自分で決める

それにもかかわらず、自分にしか決めることのできないことを他者に委《ゆだ》ねようとする人がいる。そのような人は、自分が選択したことが後になってうまくいかなくなった時に、その責任を他者に転嫁したいのである。

親から嫌われたくない人がいる。私には驚くべきことだが、親を悲しませたくないので、自分が好きな人との結婚を諦めることさえもある。親の勧めを断れないのは、親を大切にしているからではない。そのような人は、もしも今後、何かがうまくいかなかった時、そのことの責任を親に転嫁したいだけである。

だが、親に責任を転嫁したいと思っても、実際には転嫁することはできない。なぜなら、子どもが親の決定に従ったとすれば、それは自分が決定したのと同じだからである。自分の人生なのだから、親の期待を満たそうとしても、親の人生を生きることなどはできない。自分で決めること、自分しか決められないことを自分で決めることが自立するということである。

これは後でも取り上げるが、人からどう思われるか、人からどう評価されるかが気にならない人はいないといってもいいだろう。しかし、他者が自分をどう思うかは他者の課題であって自分の課題ではない。他者の課題なのだから、原則的に、自分にはどうすることもできないのだ。

人からよく思われなくても、また、低い評価しかされなくても、そのことは自分の本質には関係がない。自分の課題は価値ある自分になるように努めることだけである。他者の評価を気にしたり、他者の期待に添おうとすることでは、ない。

他者からどう思われるかを気にしている限り、自分を評価する他者に依存することをやめられない。他者からの評価を待たず、自分で自分の価値を認められること、決められることこそ自立である。

以上、独立した個人が他者と結びつくのではなく、初めから人は、人の間で他者と結びついていることをこれまで見てきた。他者は自分と結びついた仲間であると思えればこそ、一方では悩みや不幸の源泉とも見なされる対人関係に入っていく勇気を持てるのだ。

第五章　幸福への道

他者を仲間だと見なす時に、初めて対人関係の中に入っていく勇気を持てることを前章で見た。だが、その勇気を持つためには、自分に価値があると思えなければならない。本章では、その自分の価値とは行為ではなく存在にあること、人の価値は生産性、つまり何かをできることにあるのではないことを明らかにすることによって、どうすれば幸福になれるのか、そのための方途を具体的に考察する。

与えられるだけでは幸福にはなれない

幸福になりたいとただ思っているだけで、自分では何もしないで、ただ与えられるだけでは幸福になることはできない。考えなければならないことは多い。

人は生きている以上、対人関係から離れてはいられないが、といって、対人関係が自分が思うとおりのものであるとは限らない。しかし、自分もまたその関係の中にあって、関係のあり方を決めることに関与しているのだから、関係のあり方が自分にとって好ましいものでないのであれば、改善の努力をする責任がある。

二人の関係が行き詰まった場合、どちらかが一方的に悪いということはない。車の保険の場合、止まっている車に他の車がぶつかったのであれば、ぶつけた側に全面的に非があるという判断が下されるだろうが、双方が走っていたのであれば、どちらにも過失があったとされることが多い。そのように、対人関係も人間性や性格の問題ではなく、関係の問題と見た方が問題の解決につながりやすい。

では、どのような努力をしなければならないかといえば、コミュニケーションをよくする努力である。愛する二人は愛し合ってさえいれば関係はうまくいき、コミュニケーションも自動的によいものになると信じて疑わない。だが、愛の感情があるからといってコミュニケーションがうまくいくというわけではない。

ここでよいコミュニケーションというのは、コミュニケーションが上手であることではない。この人と一緒にいれば楽しいと思えれば十分だ。

「持つ」ことと「ある」こと

愛の関係でも、二人の関係をよくする努力をしないで、ただ人から愛されることを待っているだけでは、二人の愛は育まれない。

花を咲かせたいのであれば、水をやらなければならない。花に水をやることが、花を育てる時の責任である。ただ相手から愛されることを待っているだけでは愛は成立せず、あるいは、傷つくことを恐れて対人関係の中に入っていなければ、幸福になることはできない。相思相愛の恋愛に憧れる人は多いが、恋愛は育んでいくものである。相思相愛であればよい関係が築けるというのであれば恋愛は、始まった途端に終わるだろう。

ドイツの社会心理学者エーリッヒ・フロムは「配慮」を愛の一つの要素としてあげている。

「もしある女性が花を好きだといっても、彼女が花に水をやることを忘れるのを見てしまったら、私たちは花にたいする彼女の『愛』を信じることはできないだろう。愛とは、愛する者の生命と成長を積極的に気にかけることである。この積極的な配慮のないところに愛はない」(『愛するということ』)

「愛の本質は、『何かのために働く』こと、『何かを育てる』ことにある。愛と労働とは分かちがたいものである。人は、何かのために働いたらその何かを愛し、また、愛するもののために働くのである」(前掲書)

フロムは、愛という名詞は愛するという、人の活動を抽象したものにすぎないのに、元の人から切り離されてそれ自体で実体化されてしまったと指摘する。活動や過程であれば、それを持つことはできない。ただ経験されるだけである。愛の経験は不断に流れ、刻一刻と変化する。一度、誰かを愛せば愛が成就するわけではない。愛は不断に変化していくので、ちょうど花に水をやるような努力をして愛を更新していく努力が必要とされるのだ。

フロムは、人間が生きている上での二つの基本的な存在様式である「持つ」ことと「ある」ことを区別している（『生きるということ』）。「はじめに」でも述べたが、母が脳梗塞で倒れ、長く意識がないまま病床にあった時、私はこんなふうに動けなくなった時に、お金や名誉を持っていても何の意味もないではないかと考えた。

フロムの「持つ」と「ある」の区別は、この問いに答える鍵になる。

「もしも私が私の持っているものであるとして、そして私が持っているものがすべて失われたら、その時、私は何者なのか」（前掲書）

「しかし」とフロムはいう。「ある」様式においては、持っているものを失う心配も不安もない。なぜなら、私とは、持っているものではなく、「ある」ものだから、と。

「持つことは、何か使えば減るものに基づいているが、あることは実践によって成長する」（前掲書）

幸福もまた「ある」。一般に幸福を構成すると考えられている要件（お金、地位、名誉など）は、持つものなので失われる。だが、「ある」ものである幸福は失われることはない。

自分に価値があると思えるために

幸福であるために必要な責任を果たすには、問題から目を背けず、対人関係の中にも進んで入っていかなければならない、これまで、そう何度も述べてきた。

とはいえ、「こんなこともできないのか」というような叱責をされたら、大抵の人は自分には価値がないと思うだろう。そのような言い方をすれば奮起すると固く信じて疑わない人は今も多い。そのようにいわれた若い人が上司を恨み、自分が上司になった時には決して部下をそんなふうに叱らないと決心すればいいのだが、反対に、自分は上司から叱られて伸びたと思う人は、やはり上司になると部下を叱りつける。

ほめることは叱ることよりもさらに当然のように用いられ、部下をほめて伸ばすことを推奨する会社も多い。本書ではほめることの問題に詳しく触れる紙幅はないが、ほめるとは能力のある人が能力のない人に下す評価である。親のカウンセリングに同行し、カウンセリングの間静かに過ごした子どもを親は「えらかったね」とほめるが、夫のカウンセリングに同行した妻に、夫が「えらかったね」とはいわないだろう。妻はそういわれたら馬鹿にされたと思うだろう。対人関係の上下の「下」に置かれたと思うからだ。だからこそ、ほめられた人は自分に価値があるとは思えなくなるのだ。

このように育てられ、また大人になってからもこのような指導を受け、自分に価値があるとは思えなくなった人が、自分に価値があるとは思えないことを逆手にとって、そのことを対人関係の中に入らないことの理由にする。

しかし、何度も見てきたように、対人関係の中でしか生きる喜びや幸福を感じることはできない。恋愛関係も、若い人が夢見るような甘いものでは決してない。時に関係が悪くなることがあっても、その関係を改善する努力こそが結局は幸福へと繋がっていく。幸福であるためには、自分に価値があると思い、対人関係を避けず、対人関係の中に入っていかなければならない。

価値がないと思いたいわけではない

自分には価値がないという人でも、本当に自分には価値がないと思いたいわけではない。そのような人の思いは屈折している。「あなたには価値がない」という意味のことを実際にいわれて、たしかに自分には価値がないと思う人はいないだろう。「そんなことはない、あなたはすてきな人よ」と本当はいってほしいのだ。

他者についての思いも屈折している。他者を敵と見なす人は、自分を陥れようとしているかもしれない他者を安易に信じてはいけないということで、たとえ他者が援助の手を差し伸べてきても、その手を払いのけてしまう。

人は、何でも自力でできることはあり得ない。健康な時であれば難なくできたことでも、病気になったり、年を重ねればできなくなる。そのような時には人に援助を求めないわけにはいかない。援助が必要な時に援助を求められない人には、何とか他者を敵と見なさず、援助を求めないことがないように働きかけなければならない。自分では何もしないで他者に依存する人も困るが、他者の援助を拒む人も困るからである。

自分ができることはできる限り自力でする。しかし、他者が援助を求めてくればできるだけの援助をする。皆がそんなふうに思うようになれば、きっと生きやすくなるだろう。

理不尽な叱責をする上司を恐れるな

他者が自分をどう見るかは、自分で決めることはできない。他者に自分の価値を認められたいと思うのであれば、建設的な努力をするしかない。そのような努力もしないで、他者から尊敬されたいと思うのは笑止《しょうし》である。尊敬と愛は強制できない。「私を愛しなさい」「私を尊敬しなさい」と強制したからといって、誰にも尊敬されることはないし、愛されることもない。

尊敬される努力をしないで尊敬されたい、自分の価値を認められたいと思う人は、他者の価値を貶《おとし》めることでこの欲望を充たそうとする。アドラーはこれを「価値低減傾向」といっている。他者の価値を貶めることで、相対的に自分の価値を高めようとすることである。

部下を理不尽に叱りつける上司はこの例である。そのような上司は、部下を「支戦場」、すなわち本筋ではないところで叱りつける。部下のあれやこれやの失敗に対して叱るのではなく、部下に対するいじめや嫌がらせである。

なぜ上司が部下を理不尽に叱りつけるかといえば、仕事では自分が無能であることを知っているので、そのことを部下に見抜かれないように、部下を叱りつけるのである。部下が落ち込めば優越感を持てる。勇敢な部下は上司に刃向かってくる。そのような部下を屈服させると、いよいよ優越感を持てる。

部下を叱りつけることで感じる優越感は劣等感の裏返しである。本当に有能な上司はこのような屈折した優越感を持とうとは思わないし、部下を理不尽に叱りつけることもない。

教育の場面やスポーツの指導の場面でも見られることだが、教育する立場にある人は、教わる立場の人よりも力があるほうがたしかに望ましいだろう。といって、必ずそうでなければならないわけでもない。スポーツの場合、現役を退いたコーチが現役の選手と同じ力を維持するのは難しいだろう。しかし、自らはもはや満塁ホームランを打てなくても、後進を指導することはできる。さらにいえば、弟子が自分を超えないようでは教育者としては力がない。自分の教育方法が適切であれば、弟子は必ず師を超えるはずである。

そうならなかった時、あるいは、部下が失敗を繰り返す時、上司にとってそれは劣等感になるので、より適切な指導をしようとは思わず、別の、本筋ではないところ、すなわち「支戦場」でその部下と戦おうとする。そんなパワハラ以外の何物でもないことをする上司に心と身体をすり減らされることがないようにしなければならない。

他者の価値を攻撃

理不尽に叱るだけではなく、他者の価値を攻撃する人がいる。講演後の質疑応答で、講演内容について質問をする前に、私の声が小さかったので話がよく聞こえなかったという人がいる。

それはもちろん講演者として改善するべきことではあるが、そのようなことをいう人の狙いは、まず講演の中身以外のところで私の価値を攻撃し、相対的に自分の価値を高めることにある。そうしておいてから、ようやく質問に入る。

あなたは心理学者だから、私が何を今考えているか言い当てられるかとたずねる人がいる。心理学は読心術ではないので、このような言い方はずいぶんと挑戦的といわなければならない。その狙いも私の価値を貶め、自分の価値を高めることにある。

そのような人が他者の価値を貶めるのは劣等感の裏返しである。自分に価値があると思っている人は、他者の価値を認めることができる。そうしたからといって負けたことにはならないし、自分の価値が下がるわけでもないことを知っているからである。

いじめや差別も価値低減傾向の表れである。自分よりも弱い人をいじめたり、差別することで、優越感を持ちたいのだ。

この時、価値を貶める対象は比較可能な誰でもよい。誰でもよい、アノニム（匿名）な人の価値を下げることで、相対的に自分の価値を高めようとしているのである。もとより、人間の価値はいじめや差別をすることで高まるものでは決してない。

いじめや差別は人間として許されない、というようなことをいっているだけでは問題は絶対に解決しない。いじめたり、差別する人がどうすれば自分に価値があると思えるかを考えなければならないのだ。

先に見た理不尽に叱る上司に叱られる対象になる人、いじめや差別の対象になる人についていえば、この理不尽な優越性の追求は特定の個人に向けられたものではないので、自分を責めたり、悲観する必要などまったくないことを知ってほしい。

嫌われることを恐れるな

対人関係の中に入っていくためには、むしろ他者からどう思われるかを気にしないことが必要だ。他者にどんな印象を与えているか、他者は自分をどう思っているかということばかりを気にかけていると、積極的に他者と関わることができなくなる。

そもそも、どう思われるかが気になるから、対人関係を避けるのではない。対人関係を避けるために、どう思われるかを気にするのだ。しかし、何度も見てきたように、対人関係の中でしか幸福になることはできないのだから、何とかして対人関係の中に入っていく勇気を持ちたい。

どう思われるかを気にしていると、行動の自由が制限される。自分が何をしたいということよりも、人に認められることの方が重要なので、何かをするか、しないかを自分では決められなくなる。他者が自分の行動の決定権を持つことになるのである。

一緒に食事をする時に何か食べたいものがあっても、自分ではこれを食べたいとはいえず、相手に決定権を委ねてしまう。他者の決定に従えば、自分が食べたいものを表明した時に多かれ少なかれ起きるであろう摩擦はたしかに回避することはできるが、自分が食べたいものが食べられなくなる。

もっとも、どう思われるかを気にするのは、当然、どう思われてもいいからではなく、よく思われたいからである。人からよく思われたい、人から嫌われたくないと思う人は、自分がいいたいこと、したいことがあっても、いわないし、しない。自分では行動の指針を決められず、確固たる方向を見据えた自分の人生を生きることができない。

自分で人生の決断をしないで、他者、例えば親が喜ぶ人生を選んだとすれば、自分の人生なのに他者の人生を生きるのに等しくなる。そうなってしまえば、自分の人生を生きないという、現実から遊離した状態で人生を生きるという悲惨なことになってしまう。

幸福に見えても実際に幸福でなければ意味がないことを第一章で見たが、幸福であると見られたい人も、人からどう思われるかを幸福の基準としている限り、自分の人生を生きることはできない。

他者の評価から自由になる

嫌われることも含めて、他者の評価を恐れず、他者の評価から自由にならなければならない。誰も嫌われたくはないが、もしもまわりに自分を嫌う人がいるとすれば、嫌われることは自分が自由に生きていることの証であり、自由に生きるために支払わなければならない代償であると考えなければならない。

人が自分に対して行う評価と自分の本質にはまったく関係がない。多くの人が共通した評価を自分に下すというようなことがあった場合には、その評価をまったく無視していいというわけではないが、そういうことでなければ、他者の自分についての評価に一喜一憂する必要はない。

他者の評価によって自分の本質が決まるわけではなく、自分の価値が上下するわけでもない。だから「いやな人ね」といわれても落ち込むことはないし、「いい人ね」といわれたからといって舞い上がるのもおかしい。それらはある人の評価でしかなく、その評価によって自分の価値が決まるわけではないからだ。

このようにしていれば、誰かに自分の価値を認めてもらわなくても平気でいられ、他者の評価に一喜一憂しないですむ。他者に自分の価値を認めてほしい人、価値を認めてもらえなければ自信を持てない人は自立できていないのである。

とはいえ、教育や仕事の場面では評価は不可避である。学業や仕事についての評価であれば、これをよくする努力をしなければならない。しかし、あくまでもそれらは学業や仕事についての評価であって、人格についてではない。上司は往々にして今部下がした失敗だけでなく、過去の失敗をも持ち出し、こんなこともできないのかというような言い方をするが、これはもはや仕事についての評価ではなく、人格についての（多くの場合、不当な）評価である。

たしかに上司は部下のあれやこれやの失敗を問題にし、失敗が続く部下には低い評価をしなければならないこともあるだろう。しかし、その評価はあくまでも仕事についての評価でなければならない。

こちらはそのつもりではなくても、相手が人格について評価されたと思うことはある。若い頃、大学で古代ギリシア語を長く教えていた。ある時、学生にギリシア語を日本語に訳すようにといっても、答えないで黙っているので、その理由をたずねたところ、「この問題に答えてできなかった時に、できない学生だと思われたくなかったから」と答えた。間違えたからといってできない学生だと評価することは決してないといったら、次回からは間違いを怖れなくなった。

ありのままの自分を受け入れる

ありのままの自分であるだけでは駄目で、今の自分以外の自分に「なる」ことが求められていると思うようになるのは教育の影響によるところが大きい。それで、最初は特別よくなろうとする。親が子どもに、勉強をしていい成績を取ることを期待するとすれば、その親の期待に応えないといけないと思った子どもは勉強をする。

しかし、すべての子どもが親の期待を満たせるわけではない。悪い点数のついた答案用紙を家に持ち帰ると、親はそれを見て叱る。「こんな成績では駄目ではないか」とか、「もっと頑張れ」というようなことをいわれて頑張る子どももたしかにいることはいるだろう。だが、叱られて、もう二度といい成績を取ることはできないと思ってしまった子どもは、今度は一転して悪い子どもになろうとする。学校に行かないとか神経症になることで親の注目を引こうとする子どももいれば、問題行動をすることで親の注目を自分に向けようとする子どももいる。

しかし、特別によくなろうとする必要も特別に悪くなろうとする必要もない。普通でいていいのである。この「普通である」というのは、「平凡である」という意味ではない。他者と違うことに価値を見なくてもいい。他者と違うことではなく、ありのままの自分でいることに価値があると思いたい。

インドの宗教家、哲学者であるクリシュナムルティが次のようにいっている。

「君たちは、親や先生たちが、人生で何かに到達しなければならないよ、おじさんやおじいさんのように成功しなければならないよ、と言うのに気づいたことがないですか。〔中略〕教育の機能とは、君たちが子供のときから誰の模倣もせずに、いつのときにも君自身でいるように助けることなのです」(『子供たちとの対話』)

クリシュナムルティが子どもたちに語りかけることとは違って、今の社会は、子育てや教育を通じて、子どもをこの社会に必要な人に育てようとしている。誰か成功した人の真似をしたり、何かに「なる」ことを要求する。

それなのに、個性的であろうとすることを認めない。就職活動をする若い人たちは同じようなリクルートスーツに身を固め、企業に自分を「人材」として売り込もうとする。その時、個性を出してはいけない。

ありのままの自分ではない誰かに「なる」ことを求める社会だが、といって、どんなふうにでも「なる」ことを許しているわけではないのである。親や大人や社会の期待に応える形でしか変わってはいけないのである。だから自分に価値があると思えず自信のない若い人は、他の誰とも同じである人材としてでなければ人前に出ていけなくなる。

だが、誰の期待にも応えずに、そのまま今の自分を受け入れたい。人は変わろうとする努力をやめた時、初めて変われるのだから。

出発点としての私

だが、そのようにいわれたら、甘やかされた子どもは誤解するかもしれない。

「もしも子どもを甘やかし、注目の中心に立つようにさせていれば、他の人によく思われるに値する努力を何もしないで、自分はただいるだけで重要だと自分のことを見なすことを教えたかもしれない」（アドラー『人生の意味の心理学』）

そのままのあなたでいいといわれたら、何もしなくても、ただいるだけでいいのだと子どもは思ってしまうのではないか、そう危惧《きぐ》する人がいるかもしれない。だが、ありのままの自分でいいというのは、他者の期待を満たそうと思わなくていいという意味であって、そのようなことをいっているのではない。

自分を実際よりもよく見せようとする人、あるいは、注目を引くために問題行動をしている人がいるとすれば、まわりの人は、そのような人に、「そんなことはしなくてもいい、ありのままでいい」と言いたい。

多くの親は理想の子ども像を仕立て上げ、自分の子どもをその理想の子どもから減点して見る。そのようなことをやめ、ただ生きている、ありのままの子どもを受け入れれば、どんな子どもも加点法で見ることができるようになる。

子どもの方も、親の期待を満たさないといけないと思っても親の期待に添えないと思うと、先にも見たように、最初はいい子になろうとするが、それができないとわかれば、一転して親を困らせることをしてでも注目されようとするようになる。そんなことをしなくていいということを、親は子どもに伝えなければならない。

自分の問題としては、このままの自分であってはよくないのかもしれない。だが、それでも、今現在の、現実の自分から始めるしかない。

必要があれば建設的な努力をする必要はある。だが、自分が目指すことがあまりにも現状の自分には手の届かないものであるにもかかわらず、そのような目標を設定するとすれば、それは努力することを最初から断念するためなのだ。

したいこと、するべきこと、できること

人間には「したいこと」、「するべきこと」、「できること」の三つしかない。このうち、できるのは「できること」だけである。そうであれば、できることだけをするというのがシンプルな生き方だろう。といって、現状を変える努力をすることがいけないわけではない。

闘病中の人はたとえ完治が望めないとしても、今の自分より少しでもよくなりたいと思うだろう。だから、痛みを伴う、また生命の危険を伴う手術を受ける決心をし、リハビリにも励む。

このような現状を変える努力は自分が自分のためにするものであって、他者と競争するためではない。できることと、するべきことや、したいこととのギャップが劣等感である。この意味での劣等感、そして、その劣等感を克服しようとする努力をアドラーは「優越性の追求」と呼んだが、これらはいずれも健全な劣等感、健全な優越性の追求である。

ところが、この優れようとする努力が他者との競争になると、一転して不健全なものに

なる。ライバルがいることはたしかに励みになるが、そのライバルに勝とうと思うと、健全な劣等感、健全な優越性の追求とはもはやいえなくなる。競争は、精神的な健康を損ねる最大の要因になる。たとえ入学試験のような競争であっても、基本は自分の問題なのであって、試験を受けて目指す学校に入学できるかどうかは単なる結果に過ぎない。入学することと自体を目標に勉強するのではないのである。

他者と競争しない

他者を仲間であると見なすことができれば、他者と競争しようとはしないだろう。動物は単独でいるよりも群れでいる方がはるかに生き延びることができる。このことにはダーウィンも気づいていたとアドラーは指摘している（『子どもの教育』）。人間の場合も、協力することなしには生きていくことはできない。生まれたばかりの子どもは親の保護がなければ生きていけない。反対に、子どもの介護が必要な親もいる。

しかし、それは生物的あるいは社会的に必要というだけではなく、先にも見たように、自分が存在することの根拠として、自分の存在を基礎づけるために必要なのである。

たしかに、競争はよく見られるが、正常であるとはいえない。アドラーは戦争は競争の最たるものだと考える。第一次世界大戦に軍医として従軍したアドラーは、人が戦場で殺し合うのを見た。それにもかかわらず、競争や戦争は人間の本性ではないと考えた。競争は人間の精神的な健康をもっとも損ねる。アドラーはホッブズの「万人の万人に対する闘い」という言葉を引き、これは普遍的に妥当するものではないと指摘している（『教育困難な子どもたち』）。

ホッブズは、人間が自己保存欲を持っており、他者を圧倒しながら自分の権利と幸福を求めようとすることを「自然状態」と呼んでいる。しかし、他者と競争し、その競争に勝っても、自分だけが幸福になることはできない。

先に見たように、今の自分よりも優れたいと思い、優れるための努力をすることは健全である。誰もが優れようとするという意味での優越性の追求も、他者と競争しないのであれば、問題なく健全なものとなる。

ただし、優越性の追求という言葉が、上に向かうイメージを喚起するのであれば問題である。

アドラーが、人生は目標に向けての動きであり、「生きることは進化することである」という時、この進化は上ではなく、前に向かっての動きである。人は皆それぞれ出発点と目標を持っている。その目標に向かって前に進んで行くのだが、その際、ある人は速く、ある人はゆっくり進んで行く。そこに優劣はない。闘病中の人が今よりも少しでもよくなりたいと思ってリハビリに励む時は、他者は関係ないので、他者と競争して他者より上に立つことは問題にならない。

時には立ち止まったり、逆走したりすることがあっても、基本的に前に進んでいるのであれば、それがどんな道であっても、ゆっくり進むことも速く進むこともできる。自分の生き方は独自なものなので、誰か他の人の生き方を真似る必要はないと考えることができれば、自分ではない誰かに「なる」必要はなく、この私で「ある」ことで満足できる。

不完全である勇気

アドラーは、「不完全である勇気」という言葉を使っている。ここでいう「不完全」は、人格についてではない。新たに手がけたことについての知識や技術についての「不完全」である。

その不完全は、最初からできないと決めてかかって挑戦しない人には思いもよらないことかも知れないが、かなりの程度、完全に近づけることができる。

とはいえ、新しいことを始めたときには、それができなくても当然なのに、できない自分を受け入れられないことがある。ことに歳を重ねてから新しいことに挑戦する時には困難を感じる。

それまでの人生で長く何かをやり続けてきた人であれば、ある領域では自分が優れていると思っていたのに、新しいことに着手すれば、たちまち何もできない自分と向き合わなければならなくなる。だが、何もできなくても、そもそも仕方がないのである。そんな自分を受け入れることから始めるしかない。

何かを習得することに限らず、自分が不完全であることを受け入れることができる人は、自分の価値を理想からの減点法ではなく、現実からの加点法で見ることができる。加齢と共にあれもこれもできなくなったとしても、そのことを嘆く必要はないし、自分の価値を何かができることに見出すこともなくなる。

その上で、もはや他の人と競争する必要もないのだから、新しい単語を一つでも覚えられたり、少しでも楽に身体を動かせたり、泳げたりするようになれば、そのことが喜びとなり、人生は豊かなものになる。

対人関係に入っていく勇気

先にも引いたが、アドラーは次のようにいっている。

「自分に価値があると思う時にだけ、勇気を持てる」(*Adler Speaks*)

ここでいわれる「勇気」には二つの意味がある。

一つは課題に取り組む勇気である。なぜこのことに勇気がいるかといえば、課題に取り組むことで、結果が明らかになるからだ。仕事であれば、ある課題に取りくんで、結果が出ないかも知れないと恐れることもあるだろう。しかし、結果が出るのを恐れるあまり何もしないのでは、単に仕事ができないだけである。結果を恐れずに課題に取りくまなければならない。

もう一つは、対人関係に入っていく勇気である。対人関係の中に入っていけば、嫌われたり、憎まれたり、裏切られたりすることがある。そのようなことを経験するくらいなら、対人関係の中に入っていかないほうがいいと考える人がいる。だが、先にも見たように、生きる喜びも幸福も対人関係の中でしか得ることはできないのだから、幸福になるためには対人関係の中に入っていく勇気が必要である。

このような勇気をもつためにも、自分に価値があると思えるようにならなければならない。

短所を長所に置き換える

自分に価値があると思えるためには、二つの方法がある。一つは自分の短所を長所に置き換えることである。

子どもは小さな頃から親やまわりの大人から自分の短所について散々聞かされて育つ。そのため、長所は何かとたずねられても、少しも思いつかない人は多い。親も子どもの短所や欠点についてはいくらでも話せるが、子どもの長所をたずねるとたちまち言葉に窮《きゅう》してしまう。

短所を指摘されるのは決して嬉しいことではないはずだが、そのことを逆手にとって、自分に長所はない、短所しかないということを理由にして、対人関係の中に入っていこうとしなくなる人がいることについては先に見た。

カウンセリングでは、対人関係に入っていけるように、自分に価値があると思えるための援助をする。性格については、短所を長所に置き換える。症状を訴える人にとって、その症状は、対人関係に入っていけないと思うために必要な症状である。例えば、赤面症《せきめんしょう》を治してほしいという人は、赤面症があるので対人関係に入っていけないというが、対人関係に入らなければ、無視されたり嫌われたりする経験をしなくてすむのだから、本当は赤面症はその人にとって必要な症状なのである。

そこで、症状を除去することをカウンセリングの目標にしても、本人は治ってはいけないと思っているのだから、いつまでも治るはずもなく、カウンセリングは行き詰まる。そこで、症状の除去ではなく、自分に価値があると思えることをカウンセリングの目標にする。カウンセリングを通じて、自分に価値があると思えることで対人関係に入っていく勇気を持てれば、それを回避するための症状も、もはや必要ではなくなるからだ。

このような人は、自分に長所があると思ってはいないので、例えば自分には集中力がないと見なす。だが、実は集中力がないのではなく、あなたには散漫力があるのだと見方を変えることを提案すると、なぜ短所を長所に置き換えることをカウンセラーが提案しているか、その意図を理解しないままに、それでも自分を受け入れられるようになる。また、飽きっぽいのではなく、決断力があるというふうに見方を変えることでも同じことが起こる。

カウンセリングで「暗い」自分を何とかしたいと話す人は多い。他の人から暗いといわれて嬉しい人はいないだろうが、暗いと人からいわれ、自分もたしかにそうだと思っている人は、積極的に人との関係の中に入っていこうとはしない。そのような人に私は「あなたはいつも自分の言動が他の人にどう受け止められるかを意識してきた人だと思う。だから、少なくともこれまで故意に人を傷つけたことはないのではないか」という。

「故意に」という限定を加えなければならないのは、自分としては人を傷つけるつもりはなくても、相手が自分の言動によって傷つくということはあるからである。

この指摘に納得する人にはこういう。

「あなたは自分が暗いというけれども、人を傷つけないでおこうとするあなたは『暗い』のではなく、『優しい』のだ」

優しいと自分を見られると、そんな自分を受け入れることができる。自分の言動が受け止められるかどうかを気にかけるのは程度問題で、あまりに意識しすぎると、いいたいことをいえず、したいこともできないことになることもありうるのだが、まずは出発点として、自分を受け入れることが必要である。

貢献感

自分に価値があると思えるためにはもう一つの方法がある。アドラーは先の引用に続けて、こういっている。

「私に価値があると思えるのは、私の行動が共同体にとって有益である時だけだ」(*Adler Speaks*)

相手がしたことが有益であることを伝えるために「ありがとう」「助かった」という声をかける。そのようにいわれたら、自分がしたことで貢献したと感じられ、自分に価値があると思うことができる。

さらに、自分に価値があると思えたら、対人関係の中に入っていく勇気を持つことができるし、その対人関係の中で幸福を感じることができる。対人関係の中でしか幸福を感じられないということの真意は、そのために必要な貢献感は対人関係の中で得ることができるということである。

「ありがとう」や「助かった」は、子どもに適切な行動をさせるためにかけるほめ言葉とは決定的に違う。子どもが自分に価値があると思えるようにするために「ありがとう」というのである。ただし、このような言葉を他の人がいつも自分にかけてくれるとは限らない。だから最終的には、誰からもありがとうといわれなくても貢献感を持てるようになければならない。

問題は、「行動」が共同体にとって有益である時にだけ自分に価値があるのであれば、行動では共同体にとって有益であることができない人はどうなるのかということである。

行動でしか貢献できないとすれば、多くの人が貢献できなくなる。だから自分の価値を何かができることに見ている人は、病気になるなどして何もできなくなってしまうと、自分には価値がないと思ってしまう。病気の時だけではない。父の介護をしていた時、食事以外の時間は寝てばかりいるようになった父に、「こんなに寝てばかりいるのなら、こなくてもいいだろうね」といったら、父に「そんなことはない。お前がいるから私は安心して寝られるのだ」といわれ、不明を恥じることになった。

私でも役に立てる

病気で倒れた時、医師に「どれほどこれからの状態がよくなく、家から一歩も外に出て行けなくても、せめて本を書けるくらいには回復させてください」といった。

病床で本の校正をしている私を見ても医師は咎《とが》めることはなく、「あまり根を詰めないように」と笑いながらいった。その頃はまだ無理をしてはいけなかったのだが、この医師は、たとえ入院中であっても私を患者としてより、まず人間として見ていてくださっていたのだと思う。

医師はいった。

「本は書きなさい。本は残るから」

この言葉は、私は残らないという意味に取れなくもない。だが、この言葉のおかげで、退院後の生きる目標が見えた。もはやベッドで身動きが取れなかった時に、自分には生きる価値があるのかと思っていた私ではなかった。

勤務後、あるいは非番の日に病室にやってくる看護師さんたちの相談に乗ったこと、休職していた学校に病院から電話をしたところ、たとえどんな条件でも必ず復帰してほしいといわれたことも嬉しかった。

たとえ完治しなくても、今のマイナスの状態から少しでもプラスの方へ動き出せそうだと予感できた私は幸福だった。

現世に戻る

プラトンは『国家』の中で、縛《いまし》めを解かれた真実在、天上のイデアを見てしまった哲学者は、その世界に留まることを許されず、再び元の洞窟の中、すなわち現世に戻ってこなければならないと書いている。

このことをフランスの哲学者シモーヌ・ヴェイユは、哲学者は自分自身の肉体に受肉《じゅにく》し直すのだといいかえている。プラトンが受肉や聖人という言葉を使ったわけではないが、ヴェイユの言葉を引けば次のようである。

「ようするに、魂を身体から引き剝がし、神のもとへといたる死の旅路を経験したあと、この世界に、この地上的な生に、超自然的な光の輝きを分かち与えるために、聖人は自分自身の身体になんらかのかたちで受肉しなければならない」（『ギリシアの泉』）

病気になった時に、その経験を通じて、この人生について学ぶことがあれば、人は暗闇から光明へと転回することに匹敵するような経験をするといってよい。完治しなくても寛解すれば、いつまでも病院に留まることは許されず、現世に戻っていかなければならないからだ。

そこで何をするかは人によって違うだろうが、病気の体験を、同じ病気になった人に伝える人がいる。病気になった人でなければわからないことがあるので、たしかに何かの病名を告知され、これから何が自分を待ち受けているかがわからない人に、いわば病気の先達として伝えたいことのある人はいるだろう。

何もしないでまた元の生活に戻った人でも、生きる意味や幸福について病気の体験を経て学ぶところがあった人の生き方は、以前とは違ったものになっている。病気の回復とは、健康になることではない。そもそも健康に戻れないこともある。それでも、違う生き方をし始めれば、その人の生きる姿勢は他の人に影響を与えないわけにはいかない。

生産性で価値を見ない

私は心筋梗塞から生還して以来、入院前にも増して多くの本を書いてきた。しかし、ここまで回復できるとは入院している時にはまったく予想できなかった。たしかに本を書くことで貢献感は持てたが、たとえここまで回復しなかったとしても、私の価値に違いがあるわけではない。

生産性で人の価値を測ることを当然だと思っている人は多い。そんな人は、何かができればこそその人には価値があると考えている。

経済的に優位であることに価値を見出す人も同じである。子どもの頃、親から「何をしてもいいが自分で稼いでからにしろ」というようなことをいわれて悔しい思いをした人も、大人になるとそんなことは忘れてしまったように見える。

自分の価値を何かができること、十分な収入があることに求める人は、自分が生産的である時にだけ人間として優位にあると思う。

そのような人は、病気、高齢、障害などで働けない人は社会には貢献しておらず、国の経済を圧迫しているなどと考える。そう考える人でも、これらの理由で働けなくなることはありうるはずだが、そんなことは少しも考えず、自分を安全圏に置いてそんな発言をする。

生産性の点で貢献できていないという理由で人が排除されていいかといえば、もちろんそんなことがあってはならない。だが、それでも弱者が殺されるような事件が起こるのは、犯罪者が異常だからというよりも、その背景に、生産性で人の価値を測る今の世の中では、弱者を排除することが肯定されているという事情があるように私は思う。

人は生産的であろうとなかろうと、生きていることでそのまま他者に貢献している。子どもには思いもよらないことかもしれないが、親にしてみれば、子どもはありのままで貢献している。病気であろうと、親の理想から遠く隔たっていようと、子どもは子どもであるのだから。

もっとも、親が子どもに自分の理想を押しつけることはある。親は子どもをその理想からしか見ないので、子どもがどれほど適切な行動をしても子どもを批判する。しかし、生きていることがそのままでありがたいことなのだということを、いつも思い起こしていただきたい。

自分が生きていることで貢献できると思えるためには、先にも見たように勇気がいる。だが、他者が生きていることが喜びと感じられるのであれば、自分についても生きていることがそのままで他の人にとって喜びであり、貢献していると思っていい。自分についてそのように思えた人は、他者にも寛容でいられる。

人間をものと見る誤り

人間の価値を生産性で見るようになったのは、人をものと見るようになったからである。

「ものと見る」というのは、一つには、人を何かものを生産する機械のように見なすことだ。それ自体がものである機械はやがて故障し、ついには動かなくなる。そんなイメージを人間にも重ね合わせているのである。そのような考え方の同一線上に、子どもを産まない女性の軽視がある。女性が結婚しないこと自体が本来あってはいけないと考える旧弊《きゅうへい》な人さえもいる。

もう一つは、第三章で見たように、人間に自由意志を認めない考え方である。その考えでは、人間は何らものと変わりはない。

私が受けた冠動脈のバイパス手術は全身麻酔を施し、心臓を止め、人工心肺装置を使うものだった。筋弛緩剤も投与され、私の身体は限りなく仮死状態になり、ものといっても間違いなかった。

しかし、医師は私の身体（もの）ではなく、「私」にメスを入れた。その医師は自分の父親の手術を自ら行ったと術後に聞いた。自分の父親の手術の時は楽だったという。なぜなら、手術中自分の父親のことだけを考えればよかったからで、私の手術の時には私のことだけではなく、私の家族のことも考えなければならなかったので大変だったというのである。

私はものではなく人であり、しかも家族との繋がりのある「人間」だった。医師は私と繋がりのある家族のことを考え、決してものである私の身体にメスを入れたのではなかった。

冠動脈バイパス手術の時、どの血管をバイパスのための血管として摘出するかはケースによって違う。私は内胸動脈を使ったが、胃大網動脈を使うことも提案された。

この手術は、私が手術を受けた頃は危険とされていたようで、当時は手術に反対する医師がいたとテレビ番組で知った。番組の中である医師はこんなことをいっていた。

「リスクを冒さなくても、三ヵ月も生きられたら十分ではないか」

なぜ医師に「十分」と決められるのか。こんなことをいった医師が私の主治医のように、患者を人間と見ていたとは思えない。ものとして見ていたからこそ、「十分」という言葉を使ったのだろう。

家族は、どんなふうであっても生命を救ってほしい。そのことを知っている医師は、手術に成功してもただ生きているだけの状態になることがわかっていたとしても、手術をしないとはいわないだろう。

パーソン論

医師はものとしての私ではなく、人格としての私にメスを入れた。では、人とものを区別する基準ははたしてあるのだろうか。

生命倫理学ではパーソン論と呼ばれる議論がされている。あるものが「人格」であるためには、生物学的にヒトである以外にどんな条件が必要かを考えるのである。
一つの考えでは、人格には欲求の意識と、その意識の主体としての自己意識がなければならないと考える。しかし、これでは、胎児は自己意識がないので人格ではないことになる。他にも、重度の精神障害者、重度の認知症の老人も人格とは見なされないことになる。

そこで、自己意識を持つ理性的な行為者を厳密な意味での人格と呼び、それとは別に社会的な意味での人格を認める研究者もいる（エンゲルハート他「医学における人格の概念」『バイオエシックスの基礎』所収）。

この意味での人格として認められるためには、最小限の相互作用に参加できなければならない。この基準に照らせば、幼児の他、重度の精神発達障害の人、認知症の人も人格といえるが、脳死患者はこの意味での人格には当たらないことになる。

このパーソン論は、人工妊娠中絶正当化の議論の他、重度の障害新生児の治療中止、安楽死、脳死状態の患者に対する延命中止についての議論などで用いられてきた。ここではこのパーソン論にどんな問題があるのかを考えてみたい。

私は、パーソン論が非常に単純に、人か、人でない「もの」かという二分法であるところが問題だと考えている。

自己意識があることに人とものを区別する基準を見るとすれば、胎児も脳死状態の人もものであることになるだろう。しかし、胎動を感じる母親にとって、胎児は決してものではない。胎動を実際に感じなくても、妊娠していることを医師から告げられたら、生物学的にはまだ人でなくても、母親は自分の中に人が宿ったと感じるだろう。

脳梗塞で意識がなかった私の母は、自己意識は欠いていたが、私にとっては、決してものではなかった。母の場合、実際に意識がなかったのかはわからなかった。脳波の状態から、意識が戻らないのはおかしいと医師からは指摘されていた。

しかし、たとえ、母が脳死状態であったとしても、医学的にどんな判断が下されようとも、その判断が母と私の関係を変えることはなかっただろう。一般的にいえば、脳死として判定された人であっても、その人と関わる家族は、その人を間違いなく人格と見なすであろうからだ。

パーソン論では、人が人格なのか、ものなのかをその人の状態から決める。しかし、私の主治医が手術をする時に私をものとは見ないで、人間と見たということを先に書いたが、医師が手術中に私の家族のことを考えたのは、私を対人関係の中において見たということである。対人関係の中から切り離し、ただ自己意識があるかどうかで人か人でないかを見ても意味がない。

人格を「最小限の相互作用」に見るという考え方では他者との関係は見ているが、それもできない脳死患者は人格とはいえないことになる。

しかし、脳死状態の人ともコミュニケーションを取ることはできる。ノンフィクション作家の柳田邦男《やなぎだくにお》は、脳死状態の息子も語りかけてきたといっている。柳田は、以前は脳死を人の死と認めてもいいのではと考えていたが、意識が戻らないまま十一日間の脳死状態の後に息子が亡くなった時、こんなふうに考えた。

「でも、十一日間、私が語りかけ、息子も何かを語りかけてくる目前の『脳死』は、まったく違う。存在感の大きさに圧倒されました。その時、命や死は、個別の肌ざわりある『人称性』を持つ、と確信しました。それが、被害者本人やその家族の『心』を大切にする『2・5人称の視点』につながるのです」（「聞く」6、息子の死で知ったこと、朝日新聞、二〇〇八年十二月一日朝刊）

「息子も何かを語りかけてくる」。脳死の状態にあっても家族はこんなふうに見ているのである。後に死について考えるが、死者ともまた、人はコミュニケーションができるのである。

他者を信頼する

人は必ず他者との関係の中で生きている。その他者を敵と見るのか、仲間と見るのかということについては先に見た。

他者は隙あらば自分を陥れようとしている「敵」だと思っている限り、他者に貢献しようとは思わないだろう。仲間だと思えればこそ、他者に貢献しようと思えるのだ。貢献感があれば、自分に価値があると思え、価値があると思えれば、課題に取り組み、対人関係に入っていく勇気を持つことができる。

他者が仲間であるということは、事実がそうだという意味ではなく、仲間であるとして信頼するということだ。先に見たように、アドラーが他者を仲間と見たのは、第一次世界大戦の最中のことだった。そこで実際に彼が目の当たりにしたのは、戦いで殺し合う兵士だったのだが。

それにもかかわらず、アドラーが人を仲間だと見たのは、他者への信頼が根底にあったからだった。これは常日頃は意識していないことだが、他者を信頼していなければ、実は一時も生きてはいけない。電車の運転手が故意の過失を犯すことなく運転すると信じられるからこそ、電車にもタクシーにも乗ることができるのだから。

日常の対人関係では、信頼関係が崩れる大きな出来事が瞬時に起こるわけではない。喧嘩をして翌朝、挨拶もしないで無言で家を出て行った子どもが二度と家に帰ってこないのではないかと心配する親はいないだろう。

信頼するとは

すべてのことが明々白々に知られていれば、信頼する必要はない。信頼するとは目下起こっていることや、これから起きることについて未知なことがある時、その知られていないことを主観で補うことである。

「今日は雨が降っている」は知識であり、「明日は雨が降るだろう（と思う、信じる）」は信念である。「今日は雨が降っていると信じる」とはいわない。今、雨が降っていることは明々白々の事実であり、雨が降っていると信じる必要はないからだ。

普段あまり勉強に熱心ではない子どもが、ある日「今日は勉強しない。明日から勉強する」といっても、子どものそれまでの行動に照らして親は「明日も勉強しないだろう」と思う。これは親の信念である。

この信念の根拠は事実ではない。子どもが日頃からよく勉強していれば、その言葉を聞いても、今日は勉強をしなかったが、たまには休むことも必要だろうと思い、明日以降もずっと勉強しないとは思わないだろう。

このように大人は子どもについて事実を見るのではなく、意味づけをし、その意味づけにもとづいて判断する。子どもが勉強することを信じられないのであれば、子どもが何をしても、何をいっても、子どもを信じることはできない。どんな言動も大人の不信を強化しこそすれ、子どもを信頼させない。

しかし、もしも子どもとの関係をよくしたいと思うのであれば、こんな場合でも、やはり子どもを信頼したい。自分のことを少しも疑わない人がいることを知れば、子どものこの世界や大人に対する見方は必ず変わる。自分を信頼する大人を見ても、子どもはにわかに信じられないので揺さぶりをかけてくることはある。信頼は無条件である。信じる根拠がない時ですら、あえて信じることである。揺さぶりをかけても動じなければ、その子どもが自分を信頼する人を裏切ることは難しいだろう。

こうしてやがて大人の信頼に応えるようになれば、そのような大人も含めて、子どもは他者を仲間として信頼できるようになるだろう。そして他者を仲間と見ることができれば、他者に貢献しようとするだろう。

以上のことは当然、大人同士でも同じである。仕事の関係であれば、無条件に信じることはできないが、友人関係やさらにもっと近い愛の関係においては、関係をよくしようと思えば、あえて信じる根拠がない時にも信じなければならないことはある。

よい意図を見る

信頼することには二つの面がある。一つは、他者の言動にはよい意図があると信じることだ。

他者を仲間であると信頼するのは容易ではない。他者の言動で傷ついたことがない人はいないだろう。しかし、他者の、一見自分を傷つけるように思える言動にもよい意図があってのことなのだと信じることができれば、関係のあり方は変わってくる。

もちろん、これは、関係を改善するつもりであればということだから、それほど近くはない関係の人であっても、よい意図があると信じられれば、対人関係のストレスは軽減する。

私は講演をする機会が度々あるが、時に反論されることがある。見当違いで個人攻撃のような発言には正直動揺するが、私の知らないところで断罪されるよりは、むしろはるかにありがたい。反論することも可能だからだ。

母がいなくなって父と二人で暮らしていたある日のこと、私は小麦粉から炒めてカレーライスを作った。父はそのカレーを一口食べ、「もう作るなよ」といった。長らく「まずいから作るな」という意味だと思っていたが、父がいいたかったのは、当時まだ学生だった私に、「学生だったら勉強しないといけないだろう、それなら私のためにもうこんな手の込んだ料理を作るなよ」という意味だったことに気づくまでには時間がかかった。

父との関係をよくしないでおこうと決心していた間は、父のあらゆる言動が、父との関係が近くないことを根拠づけるものでなければならなかった。しかし、後に、父との関係をよくしようと思い、実際に関係が変わってくると、同じ父の言葉によい意図が見えるようになったのだ。

課題を解決できると信頼する

相手が自らの課題を自分の力で解決できるという信頼も必要である。そのような信頼ができていなければ、相手の課題に踏み込むことになってしまう。

母が脳梗塞で倒れた時、病態に改善が見られず、病院を替えた方がいいのではないかという話が持ち上がった。この時、私と父は母に相談しなかった。母の病気のことなのに、母自身に相談しなかったのは、母が病気が重いことを知ることに耐えられないのではないかと考えたからだ。

母を部屋に残して、父と相談した。部屋に戻ると、母の顔つきが変わっていた。自分のことなのに母の意見を求めようとはせず、父と私が相談したことがわかったからだ。

病気について真実を告げると動揺する人はいる。しかし、動揺するとしても、自分の病気なのだから、家族は知っているのに本人が知らないのはおかしいだろう。私と父は、母が真実を受け止めるという課題を解決できると信頼していなかったのである。

あなたの病気は治らないかもしれないと告げることは、家族にとっては勇気がいる。告知が難しいのは、病状についての重い情報を担うことができず、死期を早める結果になることがありうるからだ。

しかし、自分に起きたことを受け止め、最初の驚き、動揺、不安を乗り越えられる人もいる。家族は、病気と共に生きていくという課題を自分で担えると信頼しなければならない。

母は三ヵ月の闘病の末に亡くなった。父と妹に母の最期の様子をたずねられた私は、母は苦しまずに安らかに逝《い》ったと答えてしまった。実際には、私は毎日十八時間母の病床にいたのに、母の最期を看取ることができなかったのに、である。

毎日の長時間にわたる看護のために憔悴《しょうすい》していた私は、こんな生活が後一週間も続いたら身が持たないとまで思い詰めた。ある日、母の友人がやってきて、看病を代わってくれた。私はその人の厚意に甘えて、病院にある家族控室で横になっていたところ、容体が急変したので、すぐに病室にくるようにという連絡を受け、あわてて駆けつけたが臨終には間に合わなかった。

なぜ本当のことをいえなかったのかといえば、一つは、父が、家族の誰にも看取られることなく母が死んだという事実を受け止められないと思ったからだ。

もう一つは、一体その時に何をしていたのかと父に叱責されることを怖れたからだった。この点でも、私は父を信頼できていなかった。もしも私が父の立場であれば、叱責することはなかっただろう。三ヵ月も学校に行かずに看病をしたのだから、最期に看取ることはできなかったとしても、ずっと看病をしたことを慰労《いろう》はしても、叱責するはずはなかったのだ。

自分の価値を生産性に見ないで、自分の存在がそのままで他者に貢献できると思うのには勇気がいる。だが、自分についてそのように思える人だけが、他者を生産性では見ない。そのような人で構成される共同体であれば、人と競争することもなく、このままの自分に価値があると思えるので、歳を重ね、いろいろなことが若い時のようにできなくなったとしても悠々《ゆうゆう》としていられるだろう。

前章での話に引きつけていえば、他者が自分をありのまま受け入れてくれる仲間だと思えれば、そんな仲間に役に立とうと思え、貢献感を持つことができる。そして貢献感を持て、自分に価値があると思えたら、対人関係に入っていく勇気を持て、対人関係の中に入ることができれば、幸福を感じることができるのだ。

第六章　人生をどう生きるか

本章では前章を受け、どのように生きるのが幸福なのかを考えたい。結論を先にいえば、それは「今ここ」を生きることであり、過去と未来を手放すことである。そのように生きれば、幸福をふいにするようにも思える死の恐れからも自由になる。

可能性の中に生きない

何かが実現しさえすれば本当の人生が始まる、そう考えている限り、今は仮の人生、準備期間でしかなくなる。だが、今こそが本番で、リハーサルの時ではない。

そもそも、その何かが本当に実現するとは限らない。中学受験を目指す小学生がいる。彼〔彼女〕らは成績がよく、一生懸命勉強しているが、それでも、必ず合格するとは限らない。それでは、合格しなかったら、受験勉強をしたことは無意味になるのだろうか。あるいは、受験勉強をしていた時が無意味になるのかといえば、そうではないだろう。結果としては不合格になったとしても、受験勉強をした時に学んだことは必ず後になって役に立つはずなので、決して無駄になるわけではないだろう。

今という時を後日のための準備期間と見なすことに加え、ある一つの目標を達成するために他のすべてのことを犠牲にすることにも問題がある。寝る間も惜しんで勉強に打ち込むということが人生のある時期にはあってもいいと思うが、勉強以外の他のことは何もしないというのであれば、そのような人生は、かなり不自然になるだろう。

子どもに親が「あなたは本当は頭のいい子なのだから、頑張りさえしたらいい成績が取れるのよ」というようなことをいえば、それで子どもが勉強する気になるかといえば、むしろ勉強する気にはならないだろう。なぜなら、親からそのようにいわれている子どもは「勉強すれば」という可能性の中に生き、実際に勉強してもいい結果が出せないという現実を受け入れられないからである。

今は職場で上司との折り合いが悪く、上司に認められないから出世できないが、いつか本気を出せばいつでも出世できる、きっとまわりの人を見返してやるというようなことをいう人の場合も同じである。いつかではなく、今、本気を出すしかないはずだが、そんな人は、本気を出しても出世できないという現実に直面したくないのである。

誰でも何でもできる

実際に挫折することがなくても、何かをしようと思い立った時、思っていたよりも困難なことがわかることはあるだろう。アドラーは困難について、次のようにいっている。

「困難は克服できない障害ではなく、それに立ち向かい征服する課題である」（『個人心理学講義』）

初めから克服できない障害と見れば、困難を克服しようともしないかもしれない。だが困難とはそれに立ち向かい征服する課題であると見れば、最初からどうすることもできないと断念することはないだろう。たとえ困難を克服できず、目指していたことを達成できないとしても、克服のための努力をすることに意味がある。

アドラーは「誰でも何でも成し遂げることができる」といっている（前掲書）。これに対しては、遺伝のことなどを考えれば、何でも成し遂げることなどできないという批判がされてきた。

しかし、アドラーは、才能や遺伝などを持ち出すことで、自分はできないという思い込みが生涯にわたる固定観念になることに警鐘を鳴らしたのである。そうなれば、どんなことでも、課題に取り組まないことの理由にすることができるからだ。

アドラーは、古代ローマの詩人であるウェルギリウスの「できると思うがゆえにできる」という言葉を引いている（『子どもの教育』）。アドラーは人間の能力は無限だというようなことをいおうとしてウェルギリウスを引いているのではない。自分を過小評価することの危険を説いているのである。自分を過小評価すると「もう追いつくことはできない」と信じてしまうことになる。追いつくことはできないことを正当化するために自分を過小評価するというのが本当である。

フランスの作家、アントワーヌ・ド・サン゠テグジュペリは「自分にいってきかせるのだ。他人がやりとげたことは、自分にも必ずできるはずだ」（『人間の土地』）といっている。私は看護学生に長年講義をしているが、学生が国家試験に受かるかどうかの不安を訴える時に、このサン゠テグジュペリの言葉を教える。たしかに合格するためには一生懸命勉強をしないといけないが、これまで多くの人が合格した試験であれば、自分だけが受からないはずはないだろう。

母の看病をしていた時に私の支えになったのは、「あなたがたがあった試練で、世の常でないものはない。神は真実である。あなたがたが耐えられないような試練にあわせることはないばかりか、試練と同時に、それに耐えられるように、のがれる道も備えて下さるのである」（『コリント人への第一の手紙』）という聖書の一節だった。

どこにも到達しない人生

普通、特に意識しなければ、人生は誕生と共に始まり死で終わる直線と見なされる。若い人に、今人生のどのあたりにいると思うかとたずねたら、折り返し点よりもずっと前のところにいるという答えが返ってくる。しかし、この答えは八十歳まで生きられることを前提としている。実際には誰も自分がいつ死ぬかはわからないのだから、若い人でももうとっくに折り返し点を過ぎているかもしれないのにである。

そもそも、始点と終点がある直線として人生を見るのは、人生についての一つの見方ではあっても、唯一絶対の見方ではない。

動きには二つの種類がある。一つは始点と終点がある動きであり、この動きにあってはできるだけ効率的であることが望ましく、もしも何かの事情でこの動きが中断することがあれば、目的に達しなかったという意味でこの動きは不完全だったことになる。アリストテレスはこの動きをキーネーシスと呼んでいる。

もう一つはエネルゲイアと呼ばれる動きである。例えば、二人で踊るダンスは踊っていること自体が楽しいのであって、どこかへ行くためにダンスをしているのではない、というような場合である。音楽が止むとダンスも終わるが、踊っているその時のダンスの動きは完全であり、どこかに到達したかどうかは問題にならない。

人生もエネルゲイアである。効率的に生きても意味はない。時には寄り道をすることも立ち止まることもある。人生の目的地が死であるとすれば、効率的に生きるとは、一日も早く死ぬことになってしまうだろう。人生をキーネーシスではなく、ダンスの動きのようなエネルゲイアと見れば、いつ生を終えることになっても、その動きは不完全ということにはならない。

人生が旅に喩えられることがある。旅は家を出た瞬間から始まる。その時、時間は常とはまったく違った仕方で流れ始める。その時々がそのまま旅である。旅においては、通勤のように効率的に移動する必要はない。目的地に着かないこともあっていい。

日々の通勤ですら、効率的であることが必要なキーネーシスにしなければならないわけではなく、エネルゲイアにすることができる。旅に出なくても、通勤電車の中から窓の外の景色に目を向け、四季折々の美しさに心を奪われることがあってもいい。通勤であっても、時に途中下車をして寄り道をすることは許されるだろう。

人生も、その到着点だけのことを考えて生きても意味はない。

死は到達点であり、人生は最後に死に行き着かないことはありえないとしても、生き急ぐことも、いつも死のことばかりを考えて生きる必要もないだろう。人生がキーネーシスとしての動きのようであれば、効率的に生きることが望ましいことになるが、生まれたらすぐに死ぬことには意味はない。

過去を手放す

子どもの頃、父に殴られたことがあった。普段温厚だった父がなぜあれほどまでに激昂《げきこう》したのか今となっては思い出すことができない。それどころか、本当にそんな出来事があったのかすらも、今となってはわからなくなった。

それなのに、長くその記憶を保持していたのは、父との関係がよくないことを裏付けるために必要だったからである。実際には過去に何があっても、会って話している時にいつも関係が悪いわけではなかったのだが。

それどころか、話がはずむこともあった。そんな時に、この人とは本当は仲良くしてはいけなかったのだと思えば、関係がよくないことを裏付ける記憶がたちまち蘇《よみがえ》ってくる。

私の場合、それが父に殴られたことだったのだが、二人きりの時に起こり、同じ場所に居合わせた人もいなかったので、今となっては実際に父に殴られたのかどうか、本当のところはわからない。

父との関係がよくなかったのは、父と私の間にあって緩衝役だった母が早くに亡くなり、私と父が直接対峙《たいじ》することになった頃のことだった。やがて私は結婚し、しばらく父と同居していたが、定年退職を迎えた父は、その後、横浜に転居した。それからも関係はよくないままだったが、年に数回しか戻ってこないので、その時を何とか凌《しの》げば、父との関係が以前のように悪化することはなかった。

過去に何かがあっても、双方が、あるいはどちらかが関係を変えようと思えば、そもそもが近しい二人の関係であれば、変わらないわけにはいかなくなる。私と父との関係の場合は、父の方が歩み寄った。「お前がしているカウンセリングというのを受けたい」と言い出したのだ。一月に一度くらい会うようになってからは、普通に話せるようになり、父との関係は好転した。

関係がよくなれば、関係が悪かったことを証拠立てる記憶も蘇らなくなる。少なくとも、以前ほど頻繁には蘇らない。関係を悪くする必要はなく、関係をよくしようと思っているか、現に関係がよいからである。

「忘れてしまったことは仕方がない」

父は晩年、認知症を患《わずら》った。この病気はいつも状態が悪いわけではなく、時折、普段父を覆っている深い霧が晴れ渡るような時がやってくる。深い霧の中に閉ざされている時の方が、ある意味で幸福なのかもしれない。現実を知らないままに生きられるからだ。人は誰もが死なないわけにはいかないが、霧の中に閉ざされ、自分が置かれている状況が理解できない時には、死の怖れもないのかもしれない。

それではよくなってはいけないのかというと、もちろんそんなことはなく、常は親が自分のことまでもわかっていないという現実を目の当たりにして悲しんでいる家族にとっては、束の間のことではあっても親が回復したのを見るのはやはり嬉しい。本人はその間、現実と向き合わないといけないからつらい思いをすることはありうるとしても。

父は若くして亡くなった母のことを覚えていなかった。私は驚いたが、晩年に父にとって母のことを覚えていることがはたして幸福だったかどうかはわからない。親は無原則に過去のことを忘れるのではなく、思い出したくないことは思い出さないでおこうとしているのではないか、そう、父を見ていて思った。だから、アルバムを持ち出して忘れてしまった過去を思い出させるようなことはしなかった。父自身が必要があれば思い出すだろうと考えたからだ。

そんなある日、父がこう呟いた。

「忘れてしまったことは仕方がない」

普段は今しがたのことでも忘れることを理解していないので、父のこの言葉を聞いて、私はその日、子どもの頃から知っている父に戻ったことがすぐにわかった。

父は横浜から戻り、子どもには頼らず一人暮らしをするようになったが、その代わり、よく電話がかかってくるようになった。身体の具合がよくなくて、病院に行って診察を受けたことなど、病気のことがもっぱらの話題だった。

身体の不調だけでなく、もの忘れが激しいということも頻《しき》りに訴えるようになった。

「私だけが忘れていることに気づいていないことがあったら怖い」

このようにいっていた父はまだそんなに物忘れがひどくないという含みで話していたはずである。ところが、認知症になった時には、父は今いったことも忘れるようになった。当然、忘れたことも理解できなくなった。

「忘れてしまったことは仕方がない」という言葉に続けて、父はこういった。

「できるものなら一からやり直したい」

その言葉を聞いた私は、もはや過去のことに拘泥《こうでい》することの無意味を悟った。

過去に関係なく決断する

幼い頃からずっとピアノの練習をしてきた高校生に勉強を教えたことがあった。これまで一度もピアノをやめようと思ったことはなかったと聞いて驚いた。ピアノの練習をつらいと思ったことがあるかという私の問いにも、きっぱりと「一度もない」という答えが返ってきた。

別の若い友人は音楽大学に入ってからピアノをやめる決心をした。その人も長くピアノを弾いてきたので、周りの人はもったいないという理由でピアノをやめることに反対した。しかし、ピアノを続けるかどうかは今、決めればいいのであり、これまで続けてきたからこれからも続けなければならないというのはおかしい。

今後またピアノを弾きたくなることもありうる。その場合も、長くブランクがあったことは、ピアノを再び弾くことをためらわせる理由にはならない。

ピアノに限らず、それまで取り組んできたことをやめようと思った時に、それまでに費《つい》やした時間、エネルギー、お金が無駄になると思う人もいるだろう。しかし、それらを無駄にしないというだけのために、これからの人生でも意に染まないことを続けていかなければならないわけではない。

研究者は学生の時に専攻した学問を、生涯、後生大事に守り続けるが、専門が変わることは当然あってよい。興味、関心が変わっていくのは自然なことだからだ。

仕事も自分に向いていないと思ったら、たとえ何年も続けた仕事であってもやめることはできる。パワハラ以外の何物でもない上司の叱責には、心身をすり減らす前に逃げてもいい。

人生を終わりからだけ意味づけない

人の人生を最後の死に方だけから見ないことは大切である。自ら生命を絶った人の家族の相談を受けることがある。自殺という人生の終え方は家族にとってはつらい。たとえ、自分の問題で悩み、自殺に家族が関わったのではなくても、兆候に気づけなかったのか、止められたのではなかったかという思いにいつまでもとらわれる。

しかし、自殺も故人が自分の意志で選択したことなのだから、自殺という人生への終止符の打ち方が普通ではないという理由だけで、その人の人生のすべてを見るのはおかしい。たった一つのエピソードで人生のすべてを意味づけ、評価するのはいけないと私は思う。

自分の親が自殺したことを、自分の子ども（親からすれば孫）に話していいものか迷っている人がいた。私は、自分自身が親の死についてネガティブな見方をしなくなれば話していいと思うと答えた。

自殺というような特別な出来事でなくても、何か特別な出来事から人生を意味づけることがある。母は若くして脳梗塞で亡くなった。兆候は明らかにあったのに、適切な対応を取れなかったことを、私はいつまでも悔やむことになった。

母が四十九歳だったことにもこだわった。あまりにも若すぎるのではないかと思った。しかし、若くして亡くなったことから母が不幸だったとはいえない。結婚する前の父と母が二人で火鉢《ひばち》に手をかざしている写真や、母がよく懐かしそうに話していた女学校時代の友人と一緒の写真を見ると、私が生まれる前の若い母は幸福な人生を送っていたのであり、もちろん、その頃、自分を待ち受けている運命は知らなかったとしても、その時点では母にとって未知であった未来が、母のその時の幸福な人生に影を落としたとは思わない。

過去が変わる

後になって起こったことを見直せば、事が起こった時点では見えなかったことが見えてくる。これはちょうど小説を一回読んでからまた読み返すと、初めて読んだ時には見えなかったことが見えてくるのと同じである。

ソポクレスの『オイディプス王』を読む時、オイディプスのことをまったく知らないで読むことも当然あるだろうが、オイディプスについて予《あらかじ》め知っていたり、再読する時であれば、読者はオイディプスにどんな運命が待ち受けているか、オイディプスが知らないことを知って読むことになる。神の視点でオイディプスの人生を見るわけだ。

人は客観的な過去を生きたのではない。生きたその時にすでに、意味づけをした世界の中に生きていたのであり、また後に過去を思い出す時も、過去は不動なものとしてあるのではなく、過去を思い出す「今」によって、その過去は必ず何らかの仕方で意味づけされているのである。

過去については意味づけを変えることができるが、さらに進んで、過去はもはやないとさえも見ることもできる。

今、生きづらいと感じている人が、そのことの原因を過去に経験したことに求めることがある。そして、安直にトラウマという言葉を使う。失恋したことがトラウマになって、恋愛が怖いというふうにである。

しかし、本来、トラウマは、失恋のような日常的な経験とは何の関係もないものだ。トラウマという言葉は生死に関わるようなことや、意志に反して強いられた経験についてだけ使える。トラウマについては第三章で問題にしたが、戦場で悲惨な現実を目の当たりにしたにもかかわらず、アドラーが、あえてトラウマを否定したのにはわけがあった。

何らかの体験をしたからといって、人は皆、必ず同じようになるわけではないからだ。経験したことで大きな影響を受けないわけにはいかないが、その時に受けたショックからの立ち直りの速さはかなりの程度、自分で決めることができるのだ。

トラウマですらもこの例外ではない。トラウマを受けるような出来事を体験したからといって、必ず人が心を病むとは限らない。はっきりと、そのようなことはないと明確にしておかなければ、人は絶えず過去の経験を今の問題の原因にしてしまう。

大きなショックから速く立ち直る人とそうでない人の違いは、受けたショックの大きさの違いではない。先にも書いたように、何かの出来事を経験する前から、人生において人が取り組まなければならない課題に積極的に取り組んでこなかった人であれば、体験したことを課題から逃げ出す理由に、少なくとも、それに積極的に取り組まないことの理由にしてしまうのだ。

未来を手放す

認知症の父を介護していたある日、父がふいに「どう考えてもこれからの人生の方が短い」といった。いわれるまでもなく当然のことだが、父からこのような言葉を聞くと、たしかにこれから十年も二十年も一緒にいられるわけではないことに思い当たった。

私が長くカウンセリングをしてきた中で、どんな相談であれ来談者に伝えなければならないのは、未来を考えずに、「今ここ」を生きることである。父は、常は過去もなく明日もない「今ここ」を生きていたが、この、これからの人生に言及したのは、普段父を覆っている深い霧が晴れ渡った日だったに違いない。

難病の夫を持つ妻から相談を受けたことがあった。今は元気だがいつ再発するかと思ったら不安でならないというのである。いつ再発するかは、たしかに誰にもわからない。否、むしろ、再発しないことだって、可能性としてはありうるだろう。そうであれば、再発を恐れず、日々を充実したものにして生きることしかできない。再発すれば、その時に考えるしかない。自分ではどうなるかを決められないのであれば、未来を思って不安になることには意味はない。

治療によって一命を取り留めても再発することがありうると医師から聞かされたら、今度はそのことにとらわれてしまう。十年後に再手術が必要だと医師からいわれた私は、ただただ十年が経つことを恐れていた。十年経つよりも前に再発するのではないかとか、あるいは逆に、手術の必要はなくなるのではないかということは少しも考えなかった。そのようなことは、おそらくは医師自身にもわからない。病気に限らず、先のことばかりを考えて、今日という日を生きる喜びをふいにしてはならない。

子どもが学校に行かないことで悩む人は多い。だが、学校に再び行く日がいつくるかはわからないとしても、今日という日を子どもと仲良く生きることのほうが先決である。

明日を今日の延長と見ない

明日がくることを普通誰も疑わないが、病気を経験すると、明日がこないかもしれないことに思い至る。病気になるまでは、そんなことを考えもしなかったことに逆に驚く。自分ではなく家族が倒れた時も同じである。病気がきっかけとなって、明日がくるとしても今日の延長ではなくなる。

明日がくることは決して自明ではなく、明日は今日の延長ではないと見ることは、病気の時だけでなく、日常の生活でも必要である。

にもかかわらず、明日という日がくることを疑わず、これからの人生が見通せると思い込んでいる人は多い。私は若い人が人生設計をしていることに驚く。そのような人は、人生の先まで見えているのだろうか。これは一つには、明日の自明性を少しも疑わないからだが、なぜ先まで見えるかといえば、今のこの人生にうすぼんやりとした光しか当てていないからである。もしも、強い光をスポットライトのように「今、ここ」に当てれば、先は少しも見えなくなる。

もちろん、病気になった時や災害の時のように、明日どうなるかが少しも読めないのはあまりにも怖い。明日は十中八九くると思え、実際、明日がくるような人生の方が安心ではある。

それでも、毎日を同じことの単なる繰り返しとは思わず、たとえ日々の生活のルーティンがほぼ決まっている人生ではあっても、今日という一日が決して昨日とは同じではないと思えれば、たしかに人生は、違ったふうに見えてくる。

そのような気持ちで始めた一日は、明日を待たずに完成している。その日が充実していれば、今日やり残したことに注意は向かなくなるものだ。そのように考えて生きれば、気がつけば長く生きたと思える日が、いつかくるかもしれないし、あるいはそんな日は永久にこないかもしれない。しかし、それは結果であって、長く生きること自体は生きることの目標にはなり得ない。

現にささやかながらも幸福を実感している人であっても、こんな幸福がいつまで続くものだろうかと怖れ、いつ何時幸福が失われるかと思うと怖くなり、そんなささやかな幸福ですら感じてはいけないと思ってしまう。

この場合も、怖れから脱却するためには、今のこの幸福が持続するかどうかなどとは考えないことが肝要だ。明日も幸福が持続するかどうかはわからない。どうなるかはわからないとしても、今ここで感じている幸福には意味があるのだ。そもそも、こないかもしれない明日に賭けることはできないのだ。

幸福が続くことを怖れている人は、幸福そのものが続かないのではないかと怖れているというよりも、幸福を形作っていると思えるもの、例えば、富や社会的地位、健康などが失われるのではないかと怖れているともいえるだろう。幸運は、いつ何時失われるかわからない。富や社会的地位、健康が一瞬にして失われることはある。しかし、そのような幸福を形作ると思えることも、とりわけ人を幸福にするものでも、不幸にするものでもないのであれば、幸福が失われることはないのである。

そのように考えれば、未来に自分を待ち受けているであろうことを怖れることも、今の幸福が失われることを怖れる必要もなくなる。

無限の時間があると考えて生きる

未来を手放し、この幸福がいつまで続くだろうかと不安にならないためには、あるいは先のことを、幸福の持続を考えないですむためには、今日のこと、今ここだけに意識を向け、日々を充実したものにしたい。

前にも触れた哲学者の森有正はリルケを引いてこんなことをいっている。

「あわててはいけない。リールケの言ったように先に無限の時間があると考えて、落着いていなければいけない。それだけがよい質の仕事を生み出すからである」（『日記』）

ここで森は、芸術という仕事についていっている。芸術作品は無理にせかしたりしたらだめで、成熟するまで抱懐して生み出すことが必要なので、決してあわててはいけないというのである。

だが同じことは人生についてもいえる。「よい質の仕事」を生み出すように、人生をよきものにするためには、先に無限の時間があると考えて悠々と生きたい。たとえ明日のことさえどうなるかわからないとしても。

　バイパス手術を受ける前の夜、もしも私が七十歳や八十歳であれば手術を受けなかったかもしれないといったら、執刀医の一人が「なぜ？」と強い調子でたずねた。手術後の人生が短ければ手術を受けても意味がないのではないかとふと思ってそういったのだが、それは手術後の人生を私が直線的に捉えていたからだった。その時々で完成するエネルゲイアとして人生を見ていなかったのである。

　フランスの哲学者であるジャン・ギトンは、人間はいつまでも若いままなのかと問われ、「自分の前に永遠があると考える限り」と答えた（『私の哲学的遺言』）。「永遠があると考える」というのは、リルケの言葉でいえば、「無限の時間がある」と考えることだ。そのように考えて生きる人は、その人が生み出す仕事だけでなく、その人自身も若いままでいることができる。

　もちろん、歳を重ねることは不可避だが、そのことばかりに意識を向けず、ちょうど闘病中の人が意識を病気にだけ向けず、自分にとって一番大切なことに注力するように、いわば時間を超越して生きれば、いつまでも若く生きることができるだろう。

　ギトンはさらに次のようにいっている。

「では、自分が老いていると感じている人は？」

「たぶん、彼らは永遠を信じていないのでしょう」（前掲書）

もちろん、歳を重ねることや、病気になることは不可避なので、若い人でも身体が衰えることや不自由になることを意識しないわけにはいかない。しかし、年齢を重ねることに意識を向けず、余命にとらわれず、今しなければならないこと、できることだけを考えて生きれば、人生のあり方を大きく変えることができる。

死と対峙する

十年前のある朝、私は息ができなくなって救急車で病院に運ばれた。すぐに心筋梗塞と診断された。私はその時、これがどんな病気なのか知らなかったが、死に至る病であることは、その場の緊迫した雰囲気からわかった。私は、こんなに早く死ぬことになるとは何と寂しいことかと思ったが、その実、自分が本当に死ぬとは思っていなかった。

瀕死《ひんし》の重傷を負った人でも、必ず助かるという希望を持つものである。死刑を宣告された人の苦痛は、助かるかもしれないという希望を持てないことにある。その意味で、瀕死の重傷を負っている人よりも苦しみは大きい。

もっとも人は必ず死ぬのだから、死刑を宣告された人と変わらないともいえる。しかし、ふつうの人はいつ死ぬかわからないのに対して、死刑の判決が下された人は、必ず遠くない将来、確実に死ぬことがわかっているという違いがある。

人は死すべきものなのだから、必ず死ぬという現実を受け止めなければならない、自分だけは死なないというような希望を持っていてはいけない、そんなことをいう人は、大きな病気や事故や災害を経験するなどして死と対峙する経験がなかったのではないだろうか。自分自身が病気になったら、助かりたい、よくなりたいと思う気持ちは、決して現実的ではない楽観的すぎる希望ではなくなるのだから。

このような希望があるからこそ、人は死という、誰もが避けることはできない現実を前にしても生きることができる、そう私は考えている。

むしろ、あまりにも死を意識しすぎることが、たとえ死という現実から目を背けずに生きるためには必要だとしても、死について過剰な怖れを持つようにさせ、この、今の人生で人が取り組まなければならない課題に直面することを困難にさせることがあるように見える。

死がどのようなものであっても

死がどういうものなのかは誰にもわからない。それは怖いものではなく、あらゆるよきものの中でもっともよきものであるかもしれない（プラトン『ソクラテスの弁明』）。それなのに、死を怖れることは、死がどういうものかを知らないのに知っていると思うことである。

死がどんなものであるかはわからないのに、それがどんなものであるかによって生き方が変わるというのはおかしいだろう。たとえ死ねば無になるとしても、この世での善行がまったく報われることがないとしてもである。

恋人と楽しい充実した時を過ごした人にとっては、次にいつ会うかは問題にならない。そして別れた後に次に会う約束をしていなかったことに気づく。長い時間一緒に過ごしたのに満たされなかった人は、次の機会に賭けようとするので、次に会う約束にこだわる。別れる前に何としても次に会う約束をしなければならない。次は会えないといわれたら、パニックになるだろう。

充実した時を過ごせていれば、会っている最中には次に会う日のことなどは考えない。この生が充実していれば、生の後に待ち受けている死のことは考えない。たとえ今日会えたことが次にも会えるという保証にはならないとしても。

死がどのようなものかはわからないが、一つ確実にわかっていることは、死んだ人とは二度と会えないことである。仏教でも、愛する人と別れる苦しみを、人が避けられない苦しみと見ている。

そのような別れが待っているとしても、生き方を変えることはできない。死別ではないかもしれないが、やがて愛する人との別れが待っているとしても、できることは、今日という日に愛する人を精一杯愛し、満たされた時を過ごそうと努めることしかないのである。

苦しみから立ち直る勇気

人生が思いのままになると思っている人は、一度も挫折を経験したことがないのではないかと思ってしまう。挫折を経験し、人生は決して自分の思いのままにはならないことを知った時、初めて人は人生について考え始める。

人は生きている限り、何もかも順風満帆で一度も躓かず、苦しい目、不幸な出来事にあわないということはない。過去につらい経験をしたことがない人でも、これから先の人生は決して思いのままにならず、苦しい人生を生きていかなければならないかもしれない。

何をもって不幸というかという問題はあるとしても、人が生きている限り、不幸な出来事にあわないということはない。

老いること、病気になること、死ぬことは、誰もが避けることはできない。仏教の教えは、生きること、生まれることすら苦しみだという。

苦しみや悲しみが人を打ちのめすほどのものであっても、これからも生き続ける以上、いつまでも悲しんでばかりはいられない。むしろ、現実を直視し、その現実の中でどのように生きていけばいいのかを考えなければならない。

しかし、この苦しみはただ苦しいのではなく、鳥が空を飛ぶために必要な空気抵抗にも喩えることができる。鳥は真空の中では飛ぶことはできない。あまりに抵抗が強ければ鳥は風に押し戻され飛ぶことはできないが、抵抗があればこそ、飛ぶことができるのである。

この世の様々な出来事のすべてに意味があると見て、苦しみを克服し、悲しみを癒そうとすることがある。しかし、何の罪もない人がたまたまその場に居合わせたというだけで、暴漢に殺されるとか、若くして病に倒れるというようなことには、とても、何か意味があるとは思えない。地震や津波の犠牲になることも同じである。それらはあまりにも理不尽であり、しかもその理不尽で悲惨な出来事を完全に防ぐこともできない。

もしも、起こる出来事に何か意味があるのであれば、今のこの世界がそのままで肯定されることになってしまう。しかし、実際のところは、この世界はさまざまな悪に満ちている。理不尽な出来事に肯定的な意味づけをして、悪から目を逸らすのは欺瞞《ぎまん》である。

にもかかわらず、そのようなつらい目にあっても、苦しみや不幸を乗り越える力をたしかに人は持っている。そのような力と勇気を得て、不条理を超えるところに、人生の意味を見出すことができる。

かつて、私が病気に倒れた時、病気になったことそれ自体には何も意味を見出すことはできなかった。しかし、そこから立ち直る過程で多くの人の助力を得、人の優しさに触れたことで、それ以降の自分の生き方ははっきりと変わった。

今ここで幸福に

さて、ここまでの考察で、幸福とは何かという問いに対する答えは次の方向にあることが見えてきた。まず、幸福は幸運とは違うということ、人は何かの出来事によって幸福になるのでも、不幸になるのでもないということ。すでに人は今ここで幸福である。このことは、ちょうど人の価値が生産性にではなく、生きていることにあり、今のままの自分以外の何者かにならなくてもいいということに呼応している。幸福を求めて旅立ったのにどこにも幸福はなかった。失意のうちに家に戻ってきたら、そこに初めから幸福があった。遠くに、あるいは人生の先に幸福を見出そうとしなくてもよかったのである。

考察を始めた最初のところで、ソロンの「人間は生きている限り、何人も幸福ではない」という言葉を引いた。それと同じ意味の言葉がソポクレスの『オイディプス王』にある。

オイディプスは、やがて生まれてくる子どもの手にかかって亡き者にされるという神託を受けた父の命により、生まれてすぐに捨てられる。後にテバイの王となったオイディプスは、テバイに降りかかった災いの原因を探すべく前テバイ王殺しの下手人を見つけ出そうとする。

ところが、自分の人生を振り返り、自分が予言通りテバイ王であった父を殺し、その妻であった自らの母を妻としていたことを知る。オイディプスは絶望し、短剣で自らの目を刺し、盲目の身となって諸国を遍歴《へんれき》する。

「されば死すべき人の身は　はるかにかの最期の日の見きわめを待て。

何らの苦しみにもあわずして　この世のきわに至るまでは、

何びとをも幸福とは呼ぶなかれ」（ソポクレス『オイディプス王』）

だが、本当に、「最期の日の見きわめ」を待たなければ、人を幸福と呼ぶことはできないのだろうか。

第一章で、クロイソスとソロンの対話を見た。栄華の絶頂にあったクロイソスは、ソロンが会った人の中で自分が一番の幸福者であるといってもらえなかったことを不満に思った。私のこの幸福には何の価値もないと思うのかと、クロイソスはソロンを問い詰めた。

ソロンは答えた。長い人生の間には見たくないことをあまた見て、遭いたくないことにもあまた遭わなければならない。どんな幸運も、いつまで続くかわからない。死ぬまでは、幸運な人と呼んでも、幸福な人と呼ぶことは控えなければならない。

「人間万事偶然のみ」

後に、リュディアはペルシアと戦って敗れ、首都サルディスも陥落した。捕われたリュディアの王、クロイソスは、堆《うずたか》く積まれた薪の上に立たされて火刑に処せられることになった。クロイソスはまさにその時、ソロンの言葉を思い出した。

「人間は生きている限り、何人も幸福ではない」

まさに火刑に処せられようとしていたその時、クロイソスはソロンの言葉が自分のためになされた神のお告げであったことに気づき、深いため息をもらし、悲しみの声を出し、それまで沈黙を守っていたのに三度ソロンの名を呼んだ。

ペルシア王キュロスは通訳を介して、誰の名前を呼んでいるのかたずねさせた。クロイソスは最初は答えなかったが、ついに事の次第を語った。キュロスは自分に劣らず幸福な人を生きながら火あぶりにしていることを思い、さらには応報を恐れ、この世のことは何一つ不変ではないことを感じ、燃えている火を消すように命じた。だが、すでに時遅し、火勢を止めることはできなかった。

しかし、話はここで終わらない。クロイソスがアポロンの名を涙ながらに呼んでいると、それまで晴れ渡り、そよとも風のなかった空に雲が集まり、嵐が起こった。激しい勢いで降る雨が薪の火を消したのである。

だがこれは、いかにもできすぎた話ではないだろうか。クロイソスの人生がこの終わりよければすべてよし、ハッピーエンドの物語になると、ソロンの「人間は生きている限り、何人も幸福ではない」という言葉の意味は、ただ単に「人は幸運なままで死ねるかどうかは死ぬまではわからない」ということになり、幸福ではなく、幸運について語っていることになるからだ。

クロイソスのように囚われの身になることはそうあることではないだろう。だが人は、お金を失っても名誉を失っても、そのようなこととは別のところで自身の幸福、不幸について考えなければならない。幸運は、幸福とは違って外的な要因に依存する。お金を得るというようなことは幸運である。フロムの言葉を使えば、お金は「持つ」ことができるが、「ある」様式である幸福は、そもそも持つことはできず、また逆に、持てないのであれば、幸福を失うこともないのである。

クロイソスは王国は失ったが、その代償として人生の智恵を得ることができたのであれば、幸運ではなかったが、幸福であったといえるかもしれない。しかし、その智恵が、

「人間万事偶然のみ」ということにすぎなかったのであれば、火刑は免れたけれど、その時点では、なお幸福ではなかっただろう。彼の幸福は、偶然に依存するものに過ぎなかったことになるからだ。

ここぞという時に常に雨が降り、火を消してくれるとは限らない。むしろそれは、ありえない偶然である。ペルシアとの戦いの前、クロイソスは、もしもペルシアに出兵すれば「大帝国」を滅ぼすだろうという神託を受けていた。クロイソスはこの「大帝国」をペルシアのことだと解釈したが、実際にはそれは自国リュディアのことだった。神託通り、リュディアは滅んだ。

クロイソスの大帝国は滅びたが、われわれの幸福は、何があっても失われることはない。

あとがき

十年前に私が心筋梗塞で入院した時、病院に駆けつけた息子は私を見ていった。

「倒れたのが君でよかったよ」

その年、息子は大学に入ったばかりだった。もしも、倒れたのが私ではなくもっぱら生計を支えていた妻だったら、大学を辞めないといけないかもしれないが、週に何度かの非常勤講師をしていただけで経済的にあまり貢献していなかった私でよかったという意味だったのだろう。

しかし、これは息子一流の捻《ひね》った言い方で、仕事のことは気にしないでゆっくり養生するようにといおうとしていたことはすぐにわかった。私は息子とこんなやり取りをした時に、中学生だった時に肝炎で長く入院していた父の見舞いに行った時のことをふと思い出した。その時、父とどんな話をしたかは覚えていないが、黙っていたはずはない。父との関係はよくなかったと思っていたが、本当に関係がよくなかったら見舞いに行こうとも思わなかっただろう。

幸い、私は一月ほどで退院し、翌年バイパス手術を受けたものの、その後も再発することなく今に至っている。だが、仕事量をかなり制限しなければならない年が何年も続き、生き方を全面的に見直さなければならなくなった。息子の言葉は、早く仕事に復帰しなければならないという焦りから私を解放してくれた。

この時から私は、何かをすること、できること、すなわち生産性では自分の価値を見なくなった。一時期、常勤の仕事にも就いていた頃には仕事で成功したいという野心を持っていたが、過労で体調を崩したために退職し、のちに心筋梗塞で倒れて以来、私の野心は潰《つい》えた。

今でも、時折、「こう見えても仕事はしている」といっている自分に気づいて苦笑することもあるが、何かを達成できなくても、今の自分はこのままでいいと思えるようになってからは、背負っていた荷を下ろして気持ちが楽になった。

本書の最初に、古来、哲学者は幸福には見えない、それならば私自身がまず幸福になろうと決心したと書いた。はたして、私は幸福になれたのだろうか。この問いに対しては、本文で書いたように、少なくとも私は幸福で〈ある〉ことを知ったと答えることができる。

今回、私にとって長年のテーマであった「幸福」をめぐって考えていて、初めて気づいたことが多々あったのだが、中でも自分がずっと幸福に〈なる〉という言い方をしていたことに気づいた時には本当に驚いた。幸福になる、あるいは、なれるというのは、目下、幸福ではないということである。成功や名誉、富などは幸福の条件ではなく、幸福であるためには必要ではない。それらがあっても困るわけではないが、何かの実現を待たなくても、成功しなくても、すでに幸福で〈ある〉のであり、何かが人を幸福にするわけではない。反対に、何かの出来事が人を不幸にするのではない。不幸の条件もないのである。

人は幸福にならなくても幸福で〈ある〉のなら、生き方も変わってくる。今ここを生きればいいからである。私は長くカウンセリングをしてきたが、問題を抱えて相談にこられる人にも、今ここを生きること以外のことは話してこなかったといっても過言ではない。問題があろうが、病気であろうが、理想とは違おうが、今ここで共にいられることの喜びをふいにしてはならない。いつか何かにならなくても、今ここで生きられることの幸福を噛《か》み締めたい。

編集担当の山崎比呂志氏とは本の完成まで何度も議論を重ねた。いつも話がおもしろく、本とは関係のないことまで時の経つのを忘れて語り合ったが、実は関係がないどころではなく、一人であれば決して思いもつかなかったことを多々思いつき、いつもそのことを夢中になって書き留めた。氏のご支援に深く感謝したい。

二〇一六年十一月

岸見一郎

参考文献

Adler, Alfred. *Adler Speaks: The Lectures of Alfred Adler*, Stone, Mark and Drescher, Karen eds., iUnivere, Inc., 2004.

Burnet, J. ed. *Platonis Opera*, 5 vols., Oxford University Press, 1899-1906.

Buber, Martin. *Ich und Du*, Verlag Lambert Schneider, 1977.

Hude, C. ed. *Herodoti Historiae*, Oxford University Press, 1908.

Ross, W. D. *Aristotle's Metaphysics*, Oxford University Press, 1948.

アドラー、アルフレッド『生きる意味を求めて』岸見一郎訳、アルテ、二〇〇七年

アドラー、アルフレッド『教育困難な子どもたち』岸見一郎訳、アルテ、二〇〇八年

アドラー、アルフレッド『人間知の心理学』岸見一郎訳、アルテ、二〇〇八年

アドラー、アルフレッド『人生の意味の心理学（上）』岸見一郎訳、アルテ、二〇一〇年

アドラー、アルフレッド『人生の意味の心理学（下）』岸見一郎訳、アルテ、二〇一〇年

アドラー、アルフレッド『個人心理学講義』岸見一郎訳、アルテ、二〇一二年

アドラー、アルフレッド『人はなぜ神経症になるのか』岸見一郎訳、アルテ、二〇一四年

アドラー、アルフレッド『子どもの教育』岸見一郎訳、アルテ、二〇一四年

ヴェーユ、シモーヌ『ギリシアの泉』冨原眞弓訳、みすず書房、一九八八年

エンゲルハート、H・T、ヨナス、H他『バイオエシックスの基礎』加藤尚武・飯田亘之編、東海大学出版会、一九八八年

加藤周一『『羊の歌』余聞』筑摩書房、二〇一一年

岸見一郎『アドラー心理学入門』ＫＫベストセラーズ、一九九九年

岸見一郎『よく生きるということ』唯学書房、二〇一二年

岸見一郎、古賀史健『嫌われる勇気』ダイヤモンド社、二〇一三年
岸見一郎『生きづらさからの脱却』筑摩書房、二〇一五年
岸見一郎、古賀史健『幸せになる勇気』ダイヤモンド社、二〇一六年
岸見一郎『人生を変える勇気』中央公論新社、二〇一六年
岸見一郎『三木清『人生論ノート』を読む』白澤社、二〇一六年
岸見一郎『アドラーに学ぶ　よく生きるために働くということ』KKベストセラーズ、二〇一六年
木田元『偶然性と運命』岩波書店、二〇〇一年
北森嘉蔵『神の痛みの神学』講談社、一九八六年
北森嘉蔵『聖書の読み方』講談社、二〇〇六年
ギトン、ジャン『私の哲学的遺言』二川佳巳訳、新評論、一九九九年
クリシュナムルティ『子供たちとの対話』藤仲孝司訳、平河出版社、一九九二年
サン＝テグジュペリ『人間の土地』堀口大学訳、新潮社、一九九八年
島本慈子『戦争で死ぬ、ということ』岩波書店、二〇〇六年
ソポクレス『オイディプス王』藤沢令夫訳、岩波書店、一九六七年
ドストエフスキー『カラマーゾフの兄弟』原卓也訳、新潮社、一九七八年
フランクル、ヴィクトール『それでも人生にイエスと言う』山田邦男、松田美佳訳、春秋社、一九九三年
フランクル、ヴィクトール『宿命を超えて、自己を超えて』山田邦男、松田美佳訳、春秋社、一九九七年
プルタルコス『プルタルコス英雄伝（中）』村川堅太郎編、筑摩書房、一九九六年
フロム、エーリッヒ『生きるということ』佐野哲郎訳、紀伊國屋書店、一九七七年
フロム、エーリッヒ『愛するということ』鈴木晶訳、紀伊國屋書店、一九九一年
ベルク、ヴァン・デン『病床の心理学』早坂泰次郎、上野矗訳、現代社、一九七五年
北条民雄『いのちの初夜』角川書店、一九七〇年

三木清『人生論ノート』新潮社、一九七八年
三木清『三木清全集』岩波書店、一九六六年〜一九六八年
森有正『ドストエーフスキー覚書』筑摩書房、二〇一二年
森有正『日記』(『森有正全集13』筑摩書房、一九八一年所収)
八木誠一『ほんとうの生き方を求めて』講談社、一九八五年
八木誠一『イエスと現代』平凡社、二〇〇五年
ラエルティオス、ディオゲネス『ギリシア哲学者列伝』加来彰俊訳、岩波書店、一九八四年〜一九九四年
『聖書』新共同訳、日本聖書協会、一九八九年

講談社現代新書 2406

幸福《こうふく》の哲学《てつがく》 アドラー×古代《こだい》ギリシアの智恵《ちえ》

二〇一七年一月二〇日第一刷発行 二〇一七年二月一日第二刷発行

著者 岸見一郎《きしみいちろう》

発行者 鈴木 哲

発行所 株式会社講談社

東京都文京区音羽二丁目一二—二一 郵便番号一一二—八〇〇一

電話 〇三—五三九五—三五二一 編集(現代新書)

〇三—五三九五—四四一五 販売

〇三—五三九五—三六一五 業務

装幀者 中島英樹

印刷所 凸版印刷株式会社

製本所 株式会社大進堂

定価はカバーに表示してあります Printed in Japan

N.D.C. 100 228p 18cm

ISBN978-4-06-288406-8

「講談社現代新書」の刊行にあたって

教養は万人が身をもって養い創造すべきものであって、一部の専門家の占有物として、ただ一方的に人々の手もとに配布され伝達されうるものではありません。

しかし、不幸にしてわが国の現状では、教養の重要な養いとなるべき書物は、ほとんど講壇からの天下りや単なる解説に終始し、知識技術を真剣に希求する青少年・学生・一般民衆の根本的な疑問や興味は、けっして十分に答えられ、解きほぐされ、手引きされることがありません。万人の内奥から発した真正の教養への芽ばえが、こうして放置され、むなしく滅びさる運命にゆだねられているのです。

このことは、中・高校だけで教育をおわる人々の成長をはばんでいるだけでなく、大学に進んだり、インテリと目されたりする人々の精神力の健康さえもむしばみ、わが国の文化の実質をまことに脆弱なものにしています。単なる博識以上の根強い思索力・判断力、および確かな技術にささえられた教養を必要とする日本の将来にとって、これは真剣に憂慮されなければならない事態であるといわなければなりません。

わたしたちの「講談社現代新書」は、この事態の克服を意図して計画されたものです。これによってわたしたちは、講壇からの天下りでもなく、単なる解説書でもない、もっぱら万人の魂に生ずる初発的かつ根本的な問題をとらえ、掘り起こし、手引きし、しかも最新の知識への展望を万人に確立させる書物を、新しく世の中に送り出したいと念願しています。

わたしたちは、創業以来民衆を対象とする啓蒙の仕事に専心してきた講談社にとって、これこそもっともふさわしい課題であり、伝統ある出版社としての義務でもあると考えているのです。

一九六四年四月　野間省一

哲学・思想I

66 哲学のすすめ——岩崎武雄
159 弁証法はどういう科学か 三浦つとむ
501 ニーチェとの対話——西尾幹二
871 言葉と無意識——丸山圭三郎
898 はじめての構造主義 橋爪大三郎
916 哲学入門一歩前——廣松渉
921 現代思想を読む事典 今村仁司 編
977 哲学の歴史——新田義弘
989 ミシェル・フーコー 内田隆三
1001 今こそマルクスを読み返す 廣松渉
1286 哲学の謎——野矢茂樹
1293 「時間」を哲学する——中島義道
1315 じぶん・この不思議な存在—鷲田清一
1357 新しいヘーゲル——長谷川宏
1383 カントの人間学——中島義道
1401 これがニーチェだ——永井均
1420 無限論の教室——野矢茂樹
1466 ゲーデルの哲学——高橋昌一郎
1575 動物化するポストモダン 東浩紀
1582 ロボットの心——柴田正良
1600 ハイデガー＝存在神秘の哲学——古東哲明
1635 これが現象学だ——谷徹
1638 時間は実在するか 入不二基義
1675 ウィトゲンシュタインはこう考えた 鬼界彰夫
1783 スピノザの世界——上野修
1839 読む哲学事典——田島正樹
1948 理性の限界——高橋昌一郎
1957 リアルのゆくえ——大塚英志 東浩紀
1996 今こそアーレントを読み直す——仲正昌樹
2004 はじめての言語ゲーム——橋爪大三郎
2048 知性の限界——高橋昌一郎
2050 超解読！ はじめてのヘーゲル『精神現象学』 竹田青嗣 西研
2084 はじめての政治哲学 小川仁志
2099 超解読！ はじめてのカント『純粋理性批判』 竹田青嗣
2153 感性の限界——高橋昌一郎
2169 超解読！ はじめてのフッサール『現象学の理念』——竹田青嗣
2185 死別の悲しみに向き合う——坂口幸弘
2279 マックス・ウェーバーを読む——仲正昌樹

哲学・思想Ⅱ

13 論語――貝塚茂樹
285 正しく考えるために 岩崎武雄
324 美について――今道友信
1007 日本の風景・西欧の景観――オギュスタン・ベルク 篠田勝英 訳
1123 はじめてのインド哲学 立川武蔵
1150 「欲望」と資本主義――佐伯啓思
1163 「孫子」を読む――浅野裕一
1247 メタファー思考――瀬戸賢一
1248 20世紀言語学入門 加賀野井秀一
1278 ラカンの精神分析――新宮一成
1358 「教養」とは何か――阿部謹也
1436 古事記と日本書紀 神野志隆光
1439 〈意識〉とは何だろうか 下條信輔
1542 自由はどこまで可能か 森村進
1544 倫理という力――前田英樹
1560 神道の逆襲――菅野覚明
1741 武士道の逆襲――菅野覚明
1749 自由とは何か――佐伯啓思
1763 ソシュールと言語学――町田健
1849 系統樹思考の世界――三中信宏
1867 現代建築に関する16章 五十嵐太郎
1875 日本を甦らせる政治思想 菊池理夫
2009 ニッポンの思想――佐々木敦
2014 分類思考の世界――三中信宏
2093 ウェブ×ソーシャル×アメリカ 池田純一
2114 いつだって大変な時代――堀井憲一郎
2134 いまを生きるための思想キーワード――仲正昌樹
2155 独立国家のつくりかた 坂口恭平
2164 武器としての社会類型論 加藤隆
2167 新しい左翼入門――松尾匡
2168 社会を変えるには――小熊英二
2172 私とは何か――平野啓一郎
2177 わかりあえないことから 平田オリザ
2179 アメリカを動かす思想 小川仁志
2216 まんが 哲学入門――森岡正博 寺田にゃんこふ
2254 教育の力――苫野一徳
2274 現実脱出論――坂口恭平
2290 闘うための哲学書――小川仁志 萱野稔人

B

心理・精神医学

331 異常の構造——木村敏
590 家族関係を考える——河合隼雄
725 リーダーシップの心理学——国分康孝
824 森田療法——岩井寛
1011 自己変革の心理学——伊藤順康
1020 アイデンティティの心理学 鑪幹八郎
1044 〈自己発見〉の心理学 国分康孝
1241 心のメッセージを聴く 池見陽
1289 軽症うつ病——笠原嘉
1348 自殺の心理学——高橋祥友
1372 〈むなしさ〉の心理学 諸富祥彦
1376 子どものトラウマ——西澤哲

1465 トランスパーソナル心理学入門——諸富祥彦
1625 精神科にできること 野村総一郎
1752 うつ病をなおす——野村総一郎
1787 人生に意味はあるか 諸富祥彦
1827 他人を見下す若者たち 速水敏彦
1922 発達障害の子どもたち——杉山登志郎
1962 親子という病——香山リカ
1984 いじめの構造——内藤朝雄
2008 関係する女 所有する男——斎藤環
2030 がんを生きる——佐々木常雄
2044 母親はなぜ生きづらいか——香山リカ
2062 人間関係のレッスン 向後善之
2076 子ども虐待——西澤哲

2085 言葉と脳と心——山鳥重
2090 親と子の愛情と戦略 柏木惠子
2101 〈不安な時代〉の精神病理——香山リカ
2105 はじめての認知療法——大野裕
2116 発達障害のいま——杉山登志郎
2119 動きが心をつくる——春木豊
2121 心のケア——加藤寛 最相葉月
2143 アサーション入門——平木典子
2160 自己愛な人たち——春日武彦
2180 パーソナリティ障害とは何か——牛島定信
2211 うつ病の現在——佐古泰司 飯島裕一
2231 精神医療ダークサイド 佐藤光展
2249 「若作りうつ」社会——熊代亨

世界史Ⅰ

世界史II

930 フリーメイソン――吉村正和
959 東インド会社――浅田實
971 文化大革命――矢吹晋
1019 動物裁判――池上俊一
1076 デパートを発明した夫婦 鹿島茂
1085 アラブとイスラエル 高橋和夫
1099 「民族」で読むアメリカ 野村達朗
1231 キング牧師とマルコムX 上坂昇
1746 中国の大盗賊・完全版――高島俊男
1761 中国文明の歴史――岡田英弘
1769 まんが パレスチナ問題 山井教雄
1811 歴史を学ぶということ 入江昭
1932 都市計画の世界史――日端康雄
1966 〈満洲〉の歴史――小林英夫
2018 古代中国の虚像と実像 落合淳思
2025 まんが 現代史――山井教雄
2120 居酒屋の世界史――下田淳
2182 おどろきの中国 橋爪大三郎 大澤真幸 宮台真司
2257 歴史家が見る現代世界 入江昭
2301 高層建築物の世界史 大澤昭彦

日本史

宗教

Ⓒ

F

趣味・芸術・スポーツ

620 時刻表ひとり旅——宮脇俊三
676 酒の話——小泉武夫
1025 J・S・バッハ——礒山雅
1287 写真美術館へようこそ——飯沢耕太郎
1371 天才になる!——荒木経惟
1404 踏みはずす美術史——森村泰昌
1422 演劇入門——平田オリザ
1454 スポーツとは何か——玉木正之
1510 最強のプロ野球論——二宮清純
1653 これがビートルズだ　中山康樹
1723 演技と演出——平田オリザ
1765 科学する麻雀——とつげき東北
1808 ジャズの名盤入門——中山康樹
1890 「天才」の育て方——五嶋節
1915 ベートーヴェンの交響曲——金聖響 玉木正之
1941 プロ野球の一流たち　二宮清純
1963 デジカメに1000万画素はいらない　たくきよしみつ
1970 ビートルズの謎——中山康樹
1990 ロマン派の交響曲——金聖響 玉木正之
2007 落語論——堀井憲一郎
2037 走る意味——金哲彦
2045 マイケル・ジャクソン——西寺郷太
2055 世界の野菜を旅する　玉村豊男
2058 浮世絵は語る——浅野秀剛
2111 ストライカーのつくり方——藤坂ガルシア千鶴
2113 なぜ僕はドキュメンタリーを撮るのか——想田和弘
2118 ゴダールと女たち　四方田犬彦
2132 マーラーの交響曲——金聖響 玉木正之
2161 最高に贅沢なクラシック　許光俊
2210 騎手の一分——藤田伸二
2214 ツール・ド・フランス　山口和幸
2221 歌舞伎　家と血と藝　中川右介
2256 プロ野球　名人たちの証言　二宮清純
2270 ロックの歴史——中山康樹
2275 世界の鉄道紀行——小牟田哲彦
2282 ふしぎな国道——佐藤健太郎
2296 ニッポンの音楽——佐々木敦

日本語・日本文化

105 タテ社会の人間関係　中根千枝
293 日本人の意識構造——会田雄次
444 出雲神話——松前健
1193 漢字の字源——阿辻哲次
1200 外国語としての日本語——佐々木瑞枝
1239 武士道とエロス——氏家幹人
1262 「世間」とは何か——阿部謹也
1432 江戸の性風俗——氏家幹人
1448 日本人のしつけは衰退したか——広田照幸
1738 大人のための文章教室　清水義範
1943 なぜ日本人は学ばなくなったのか——齋藤孝
2006 「空気」と「世間」——鴻上尚史
2007 落語論——堀井憲一郎
2013 日本語という外国語　荒川洋平
2033 新編 日本語誤用・慣用小辞典　国広哲弥
2034 性的なことば——井上章一 斎藤光 澁谷知美 三橋順子 編
2067 日本料理の贅沢——神田裕行
2088 温泉をよむ——日本温泉文化研究会
2092 新書 沖縄読本——下川裕治 仲村清司 著・編
2127 ラーメンと愛国——速水健朗
2137 マンガの遺伝子——斎藤宣彦
2173 日本人のための日本語文法入門——原沢伊都夫
2200 漢字雑談——高島俊男
2233 ユーミンの罪——酒井順子
2304 アイヌ学入門——瀬川拓郎